超運の法則

毎日を大安吉日にするシンプルな知恵

天井画絵師　斎灯サトル

祥雲《しょううん》の龍《りゅう》図

2018 年完成。
群馬県・妙義山、大国様が鎮座する神社にて。

公明龍王《こうめいりゅうおう》図

2016 年完成。
長野県戸隠神社の奥にある修験堂の社殿にて。

円通双龍図《えんつうそうりゅう》

2015 年完成。
静岡県の禅寺にて。阿吽
2 対の龍の図です。

輪《りん》廻《ね》成長《せいちょう》の龍《りゅう》図

2016 年完成。
静岡県・掛川市永福寺にて。
2 年がかりの天井画です。

ふすま絵

2018 年完成。
静岡県、大法寺にて。

天井画

2022 年完成。
福井県、神明神社。

はじめに

こんにちは、天井画絵師・芸術家の斎灯サトルです。

本書を手に取っていただき、ありがとうございます。

巻頭でご紹介したように、私は絵を描くことを本業としています。主に神社仏閣の天井画を描いており、もうかれこれ20年以上になります。日本で一番天井画を描いた作家であるようです。

芸術を生業《なりわい》としている画家がなぜ運の本を？　と疑問に思われた方もいらっしゃるでしょう。

私は芸術活動の一環として、皆さんの前で絵を描くパフォーマンスを織り交ぜながら、より良く生きるためのアドバイスなど、さまざまなことをお話しする講演会をおこなっています。おかげさまで大変好評で、全国各地に呼んでいただいています。講演会に来てくださった方とは質疑応答の形でたくさんの悩みをうかがってきました。
また、対話をしてから色紙に絵とメッセージを添えてお渡しするという個人セッションも全国各地でおこなっており、年間1000人ほどの方とお話ししています。これまでに3万人以上の方のご相談を受けてきました。

こういった活動の中で、「私は運が悪いんです」「同じことをしているのに私ばかりが恵まれていないんです」「運を良くする方法が知りたいです」という悩みを話してくださる方が多いのです。

現代は、刺激的な情報が無限で、簡単に自分の手元に入ります。
人生をより良くしたい一心で、何か目に見えない不思議な力として運を追い求め、以下のような「運の迷子」になってしまっている人がとても多いことを実感します。

・**自分でも納得しない不思議な儀式を始めてしまう。**
・**さまざまな開運テクニックを知り、やることが増えてしまう。**
・**「こうしたら良運に恵まれるよ」という「開運お節介」に振り回されてしまう。**

情報に惑わされた結果、恐れや自己嫌悪につながることも多いようです。もしもあなたが運の迷子になっている、または、なり始めていると感じたならば、「運」はシンプルで、確認可能で、コントロールできるものということを認識してください。また、もし身近に運の迷子の人がいるならば、そのように伝えてあげてください。

これからお話しする「超運の法則」は、とてもシンプルです。
特別な儀式もテクニックも必要なく、毎日のあなた自身の意識を変えるだけです。

「運」という漢字1文字に込められた先人の知恵を知り、「運」を我々の毎日に取り入れる、という意識改革をおこなってほしいと思います。
そうすることで、「幸福を実感しながら生きる人生」、さらには「私は運がいい人間であると胸を張って言える人生」を手にしてほしいと願っています。

本書が、その手助けになるはずです。


古今東西、運にまつわる書籍や講座は多様にあります。

私の周りにも「運」を伝える魅力的な講師の友人・知人がいます。

どれもみな、人生をより良くするという目的は一緒です。

本書を読むことで、運にまつわるさまざまな書籍や、いろいろな先生方が伝えている内容の理解も深まればと思っております。


みなさまに、さらなる良き運があることを心より祈っています。

天井画絵師　斎灯サトル

第1章　運とは何か

第２章

運を育てる

第３章

運を修正する

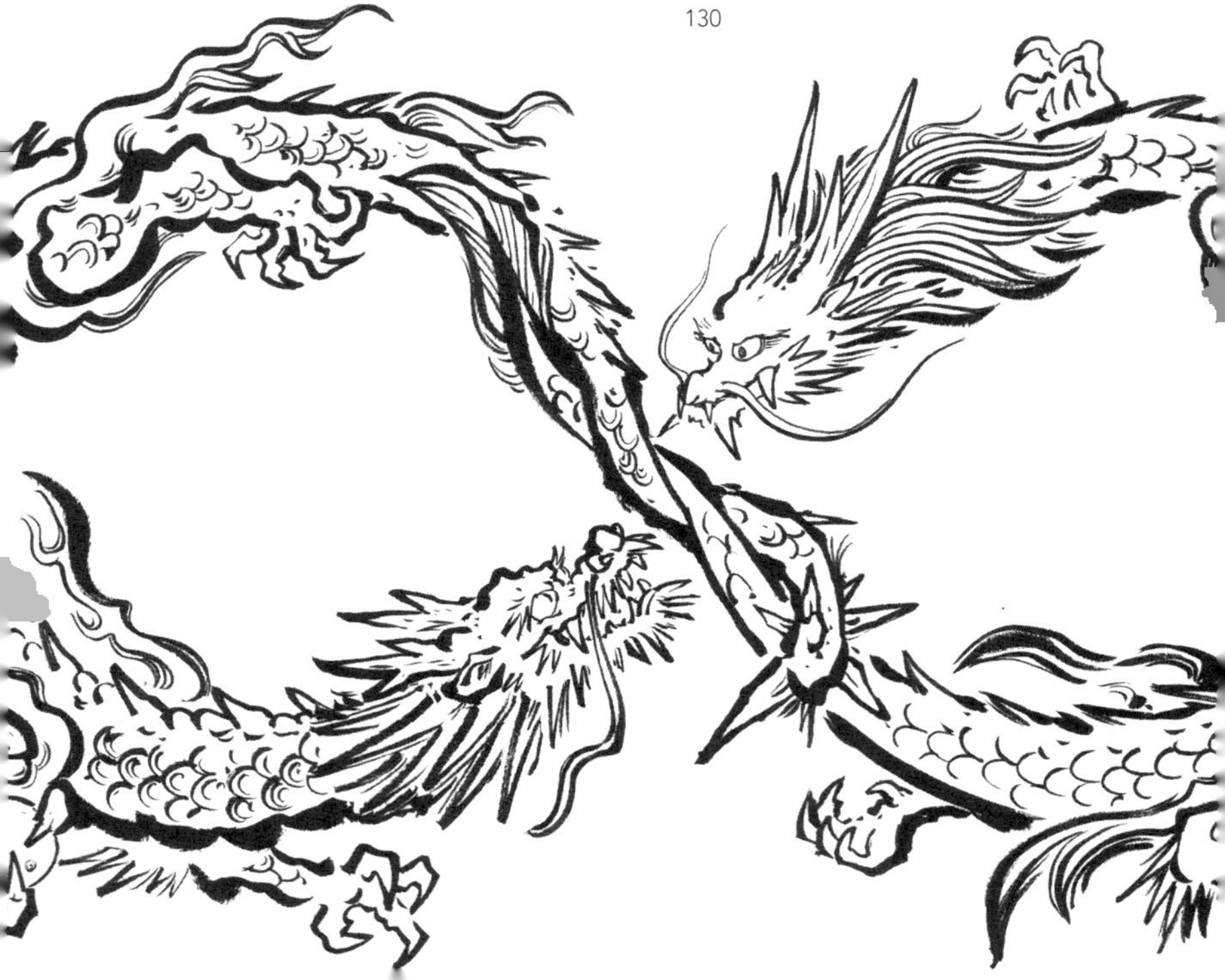

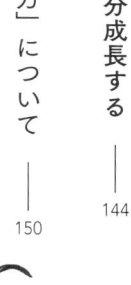

第4章

運をコントロールする

―第1章―

運とは何か

そもそも「運」とは何ですか？

運を分類してみる

世の中には「開運術」「運が良くなる方法」「良運」などの言葉がありますが、みなさんは、「運」とは一体何だと思いますか？

この本は、運とは何かを知ることから始まります。

世間では主に運がどのように認識されているでしょうか？　まずは、主に言われていることを分類してみます。

◉偶然運

まずひとつは「運は偶然舞い降りてくるもの」、つまり偶然運です。

角を曲がったら憧れのあの人とバッタリ出会った！

偶然電車の席が空いた！

お店の入り口の一番近くの駐車場にとめられた！ というように、同じことをもう一度自分の意思で起こそうと思ってもできない幸運、または不運が偶然運です。偶然自分に都合の良いことが舞い降りたときに「運が良いね」と言われます。

◉確率運

次に、「運は確率によって左右されるもの」、つまり確率運です。

知人の体験談ですが、細い道を車で走っていたら、いきなり自転車に乗った子供が飛び出してきて、事故を起こしてしまいました。幸い子供は軽傷でしたが、本人は「事故を起こすなんて、運が悪かった」と深く落ち込んでいました。

これらは確率の問題です。細い道を車で走行したら交通事故を起こす確率は上がりますし、子供たちが多い時間帯に走行したら接触事故を起こす確率も上がります。確率によって左右されると考えるのが確率運です。

事故を起こす可能性が高い道でも無事に通れたり、倍率が高くて当たる確率が低いにもかかわらず当選したりしたときに「運が良い」と言われます。

◉解釈運

自分の心が生み出す運もあります。

「運は考え方次第で良くも悪くもなるもの」、つまり解釈運です。

例えばコップに半分の量の水が入っていたとします。この状態を「半分も入っていて運が良い」と捉えるか、それとも「半分しか入っていなくて運が悪い」と捉えるかで、本人にとっての運の受け取り方が変わります。

水の量は変わりません。解釈の仕方が違うだけです。解釈の違いで生まれるのが「解釈運」です。

自分が今置かれている立場でも、良し悪しの解釈は変わります。

例えば、小学生のときに親戚のおじさんから1000円をもらったら「うわー！すごい大金が入った！」と大喜びするでしょうが、大人になった今、同じ金額の

1000円を臨時収入として得たとしても、それは確かにありがたいですけど、「大喜びするほどではない」みたいなことです。

同じ1000円であっても、自分自身の立場が変わったことで解釈が変わります。

◉比較運

誰かと比べて、「自分のほうが運が良い」と言う人もいますね。

「運は他人と比べて優劣をつけるもの」、つまり比較運です。


ほかの誰かには起きていないのに、自分にだけ都合が良い出来事が起きたとき、または人より抜き出たときに「ラッキー」と言います。

例えば切り分けたケーキ、大きいほうを自分がもらうことができたときに、小さいケーキをもらった人に比べて自分は運が良い、と言うかもしれません。

ですが、毎日の食べ物も手に入らない貧しい国の人から見れば、毎日食事ができるだけで、恵まれているわけです。

自分の状況は変わらないのに、誰と比べるかによって結果も感覚も違います。比べる相手によって運の良し悪しが決まるのが比較運です。

比較運は相対的なものです。何かと比べてそれを満足に思ったり、不満足に思ったり。満足に思うときに「運が良い」となるわけです。

いかがでしたでしょうか。

当てはまる考え方はありましたか？

一般的には**「偶然手に入る都合の良い結果」**つまり「偶然運」で考えている方が多いようです。

その偶然起きた結果に対して、起きる確率で良い悪いを考えたり、解釈の仕方で感じ方が変わったり、誰かと比較して一喜一憂しているように思います。

まとめ

「運」は「偶然手に入る都合の良い結果」と捉えられることが多いです。

2

運の良し悪しは最後までわからない

人間万事塞翁《にんげんばんじさいおう》が馬《うま》

私たちは、偶然起きた出来事に対して一喜一憂してしまいがちですが、実は、身に起きたその「結果」が、自分にとって本当に運が良かったのか悪かったのか、それは、最後にならないとわかりません。

それをよく表した中国の故事で、「人間万事塞翁が馬」という話があります。

ご存知の方もいらっしゃると思いますが、初めて聞く方もいるかもしれないので、簡単に説明します。

要塞で囲われたお城の近くに、ある翁《おきな》（おじいさん）が住んでいました（要塞《ようさい》の近くに住んでいる翁なので「塞翁」です）。

そのおじいさんは馬を飼っていましたが、あるとき、馬が逃げ出してしまいました。
周りの人は「せっかく飼っていた馬が逃げちゃって運が悪かったね」と言いました。
しかし、おじいさんは「これが良いとも悪いとも言い切れない」と言いました。

すると逃げていった馬が新しいメス馬を連れて戻って来ました。
つまり2頭になって戻ってきたので、周りの人が「運が良かったね」と言いました。
でも、おじいさんは「これが良いとも悪いとも言い切れない」と言いました。

そして、そのメス馬が仔馬を産んだので、周りが「運が良かったね」と言いましたが、
おじいさんは「いや、これが良いとも悪いとも言い切れない」と言いました。

その仔馬に乗っていた翁の息子が落馬して、足を折ってしまいました。
そのことを知った周りの人が「運が悪かったね」と言いましたが、「これが良いとも悪いとも言い切れない」とおじいさんが言いました。

骨折しているときにちょうど戦争があり、町の若者たちは兵隊として徴兵されていきました。でも、塞翁の息子は足を骨折していたので戦争に行かなくてすみました。

このように、**幸も不幸もいつ転じるかわからない**ことをたとえて、「人間万事塞翁が馬」と言われるようになりました。

※出典『故事成語を知る辞典』（小学館）

一喜一憂しない、という教え

一見、幸福と思えることが不幸に転じたり、その逆もあるので、安易に喜んだり悲しんだりすべきではない、ひとつひとつの出来事に対して一喜一憂しなくていいという教えです。

これ、じつは私が中学生の頃から大切にしている格言です。

私には姉がいるのですが、その姉が「人間万事塞翁が馬」と書いて部屋に貼っていたんです。その意味を教えてもらって、感銘を受けました。当時何かと悩んでいた私には救いの言葉だと感じられたのです。

姉からそれをもらい受け、自分の部屋に貼って、できるだけひとつの出来事に振り回されないよう、一喜一憂しないよう心がけました。

みなさんの周りの出来事の中にも、「人間万事塞翁が馬」を実感することはあると思います。例えば、受験当日に風邪をひいて失敗して、そのときは「運が悪かった」と落ち込んでいても、第2希望の学校で素晴らしい出会いがあれば、結果的にそれは「運が良かった」のかもしれません。

人生、その一部だけを見ても、それが良かったのか悪かったのかはわかりません。最後の最後にならないと、自分の人生が「良かった」「悪かった」というのはわからないんですね。「人間万事塞翁が馬」なのです。

そのとき良いと思っても、最後どうなるかわからない……。

そうなると、**「そもそも運って何?」**と、私は疑問に思うのです。

考え込む私の癖

私はひとつひとつ、言葉に出会うたびに「そもそもそれって何？」と考えてしまう癖があります。読書感想文のために本を読んだ、小学3年生のときもそうです。最初の1ページを読み進めるのに3ヶ月かかってしまう子でした。

例えば、「愛は地球を救う」と書いてあったら、「愛って何？」と考えてしまいます。

「父さんと母さんにとって、愛って何？」

「友人や知人にとって、愛って何？」

「辞書に愛の意味は何て書いてあるんだろう？」

「私にとって愛とは何だろう？」

そうやって「愛」という1文字に出会っただけで、だいたい1週間かかってしまいます。同じように「地球って何？」と考えるので、「愛は地球を救う」の言葉そのもので、人生をずっと哲学できてしまうわけです。

そんな調子でひとつひとつ考え込んでしまうので、学校のスピードについていけず、成績はビリのときもありましたし、発達障害や自閉症気味と診断をされたりもしました。

今思えばその頃から変わり者だったんですね（笑）。

そのような性格なので、「運」という言葉に出会って以来、その言葉に魅了され「運とは何か」をひとり考え込むようになりました。

人生を良くするための「何か」である期待があったからです。

まとめ

運を「偶然の結果」と捉えた場合、人生の最後にならないと良いも悪いもわからない、ということです。

3

とてもあいまいな「運」の定義

湧きあがった疑問

そんな中、20代前半の頃、「運気アップ講座」というものがあることを知りました。ここに答えがあるように思った私は、心を躍らせながらいくつかの運気アップ講座を受講しに行きます。「もっと人生を良くしたい！　運気アップ講座に行くぞ！」と。

そのときに私が受けた講座では、運を上げるための方法として、例えば、西側に黄色いものを飾りましょう、〇〇の呪文を唱えましょう、というような内容でした。

ただ、「そもそも運とは何か？」を語っている先生がいませんでした。「運」を上げると言っても、その「運とはそもそも何か」の説明がなかったのです。

そこで休み時間に3人の先生にひとりずつ会いに行き、「先生にとって運とは何ですか？」と聞いて回りました。すると、その3人の先生の運の説明がみんな違ったのです。

ひとりの先生は「運とは奇跡である」といいました。
もうひとりの先生は「偶然を作り出す心である」と。
「え？ 運？」と驚かれる先生もいました。
私は「あれ？ 同じ内容の講座なのに、先生の説明が違う」と逆に驚いてしまいました。そして、残念ながら私が納得できる答えは得られませんでした。

それぞれの先生なりに、独自の理論や信念があると思います。正しいとか間違っているとかを論争したいわけでも、人の揚げ足を取りたいわけでもありません。

もちろん面白いお話もいっぱいありました。ただ「結局、私は何を習いに来たのかな？」と思ってしまったのです。「そもそも運って何？」という疑問が解消するどころか、ますます強くなり、深まってしまいました。

受講生のみなさんにも聞いてみました

私が受けた「運の講座」の、ほかの受講生の方にも聞いてみました。「あなたにとって運とは何ですか？」「ほかの言葉で何と言い換えますか？」「運の定義は何ですか？」と。すると、大半の方から、「え〜。運が何かなんて考えたことがありません」と返ってきました。

ほとんどの方が「運という言葉の定義を考えたこともなかった」という中で、お答えくださった方も中にはいました。その一例は、

・運とは偶然
・運とは必然
・運とはパワー
・運は感情、感性
・運とは考え方、捉え方
・運とは感謝

・運は引き寄せる願い
・運は生き物
・運は神様からのプレゼント
・運は宇宙のエネルギー

どれも素晴らしく、どれもワクワクする答えで、どれも本質をついている気がします。ただ、講座の先生も受講生も、「運」について考えてもみなかったという方がいて、びっくりしました。それほど、**世の中の認識があいまい**だということです。

まとめ

世の中の「運」という言葉の定義はとてもあいまいなのです。

あなたにとっての「運」とは何ですか？

同じ言葉でも認識が違う場合がある

同じ言葉でも、文化によって認識が違う例もあります。

よく話題にするたとえ話ですが、中国ではトイレットペーパーのことを「手で拭く紙」なので「手紙」と言います。日本では、ご存知の通りトイレで用を足したあとに拭き取る紙のことですよね。「手紙」は思いを綴った「レター」です。

言葉の認識が違う場合、どのようなことが起こるでしょうか？　例えば、中国人の方がトイレに入って用を足していたら、紙が切れていることに気づきます。「紙がない！　どうしよう？」と思っていたところに、日本人があとから入ってきました。

中国の方が「すみません！　手紙ください！」と個室の中から呼びかけます。すると、日本人が「え？　手紙ください？　わかった、ちょっと待ってて、今から書くから！　って……何を書くの？」と、なってしまいます（笑）。

同じ言葉でも認識が違っていたら、的を射た答えに進めないわけですね。

ほかにもあります。日本人にとって汽車といえばＳＬ（蒸気機関車）ですよね。でも中国で汽車といえば自動車をさします。だから、中国の方が「汽車で行きますね」と言ったら、「自動車で行きます」という意味になる場合もあるのです。

日本国内でも、地方によって同じ言葉なのに違った意味で使われている言葉があります。例えば、「さらっといて」。通常の意味では「人をさらう」というように「誘拐する」の意味で使われますが、地域によっては意味が加わり「それ、さらっといて」というと「片付けておいて」「綺麗にしておいて」なんです。

ほかにも「ばか」というのは、通常は人を蔑《さげす》むときに使いますが、「すごい」という意味で使われている地域があります。

このように、**人によって、文化によって、同じ言葉でも意味が変わる**場合もあるので、その言葉が何を意味するのかをある程度定義づけておくことが大事だと思います。

自分なりの運に対する哲学を持つ

みなさんは「運とは何だろう?」と、疑問を持ったことはありますか?

世の中には「運気アップ」「運が良くなる」など、「運」という言葉があふれています。「これを付けたら運が良くなりますよ」といわれるアイテムがあれば、とりあえず欲しくなってしまうのが人間の性《さが》なのですが、一体何を良くしようとしているのでしょうか。

「そもそも自分にとって運とは何か?」を改めて考えてみましょう。ペンを持ち、実際に書いてみていただけたらと思います。難しく考えることはありません。その答えは、みんな違ってみんな良いのです。答えに間違いは存在しません。人それぞれ「運」に対する大事な価値観です。

これまでに挙げた例のように、同じ言葉でも認識が違うことはあるのです。実際に書くことで、自分の認識を知ることができます。

今まで、運という言葉に触れ、運というものに関わっていながら、いかに自分が運というものを考えているようで、考えていなかったかということに気づくと思います。感覚的に何か良さそうなもの、もらえるのなら欲しいと思ってしまっていたということに気づいてみるのも良い刺激です。

まとめ

あなたにとっての「運」とは何ですか？
今の段階で「自分にとっての運とは何？」を気楽に書いてみてください。

5

言葉の意味を調べてみると

「運」を国語辞典の表現でまとめると

「運」という言葉に対して、国語辞典には何と書いてあるのでしょうか。

いくつかの辞書の中から、ある程度まとめて意訳すると、**「運とは自分の力ではどうにもならない、運ばれてくる偶然の巡り合わせ」**と書いてあります。

「自分の力ではどうにもならない」ということは、運を良くすることは不可能なのでしょうか？　では、なぜ「運が良くなる」という本がたくさん出ていたり、運気アップの講座があったりするのでしょうか。

もし辞書に書いてある通り、「自分の力ではどうにもならない」ならば、すべての運気アップ講座や開運術などの存在意義がなくなってしまいます。

辞書の説明では、運というものは、運ばれてくる、つまり「偶然得られる結果」を待っている状態です。

「株を守りて兎《うさぎ》を待つ」ということわざと同じですね。

内容を簡単に説明します。

昔、農民が仕事をしていると、偶然、兎が木の切り株にぶつかって死にました。農民は労せず兎を手に入れることができたその経験以来、農作業をせずに毎日切り株を見張っていた、という故事です。

「過去の偶然の成功に固執してしまう」という意味合いになります。

そういった一時的な偶然を手に入れて、その偶然がもう一度起こることをじっと待っている状態が「運が良い」なのでしょうか。

「運とは何か」を考え続けている私にとっては、まだ納得できる答えではありませんでした。

運という漢字は、軍隊を進めるために作られた思想

では、少し時代を遡って、「運」という漢字の成り立ちを探っていきましょう。

「運」という漢字は、「軍」という文字に「辶」（しんにょう）です。しんにょうは「進」「道」などにも使われているように、「道を行く」、「進む」という意味を持っています。


運という漢字ができたのは2500年くらい前ですので、まさに領土争いの戦争が繰り返されていた時代です。

今から、その時代にタイムスリップして、自分がひとりの兵隊として軍隊に加わったつもりで想像してみてください。


命がけで槍を持って戦うというのに、「自分たちの力ではどうにもならないけど、ひょっとしたら勝てるかもしれないから一か八か行きなさい！」「前回は偶然うまくいったから、また偶然うまくいくかも？」という軍隊に加わりたいでしょうか？

そんな軍隊では従いたくないですよね？　当時の人たちだって、そうだったと思います。

一方、偶然を期待するのではなく、毎日訓練を積み重ね、少しずつ上達して強くなった軍隊ならどうでしょうか。日々の積み重ねを持っている軍隊、一言で言うならば、「サイクルを持っている軍隊」です。

また、いざ敵地に向かうときには、「１００キロ進んだらテントを張ってみんなで休む」「食事はこのタイミングでとる」というように、進軍と休息のサイクルも必要です。このようなしっかりしたサイクルがあれば、勝てる見込みも出てきます。

逆に言えば、訓練のサイクル、進軍のサイクルを作らない限り、兵隊は動きません。戦争にも勝てないのです。

つまり「運」という漢字は**「軍隊を進めるために考えられた思想」**なのだと、私なりに読み解いています。

まとめ

「運」とは軍隊を進めるために作られた「必勝のための思想」と読み解きます。

私なりの「運」の読み解き

運をサイクルと考えてみる

私は、「運」という言葉に魅了されて以来、「運とは何か？」について、20年ほど考えてきました。その答えを求めてずっと考え、とてもたくさんの文献を集めながら研究してきました。ここでようやく納得できる「運の本質」が見えてきました。

漢字が生まれたはるか昔には、この漢字1文字の中に「サイクル」の意味合いが含まれていて、みんながその認識を持っていたのではないかと思います。訓練・休息・改善のサイクルを繰り返して「軍が強くなる」という結果を、進軍・食事・休憩のサイクルで「勝利」という結果を得られたわけです。

その「サイクル」がいつのまにか消えてしまい、「都合のいい結果」だけを表す言葉として世間が認識するようになってしまったのではないでしょうか。

さらに、運の訓読みは「運《はこ》ぶ」ですので、移動を意味します。「運《めぐ》る」もあります。季節が巡る、星が巡る、など定めに従って回る動きを表す際は「巡る」のほか「運る」の字も使われます。

まさに「運」とは、物事をうまく進めていくための「サイクル」という思想だったのです。

「必勝サイクル」の思想を現代に生かす

そろそろ、話を現代に戻しましょう。

運とは、「軍隊を進めるために考えられた思想」であるとお話ししました。**その思想を今の時代にいかしましょう**、というのが本書の目的です。

何万人もの軍隊を動かし、勝つために作られた思想です。「戦争に勝つ」を「成し遂げたい目的」と置き換えることで、我々の人生を豊かなものにしましょう。

のちほど詳しくお伝えしますが、淡々、ニコニコ、飄々《ひょうひょう》と「運＝サイクル」をおこなうことで、運を超える運、つまり「超運《ちょううん》」をもたらせます。

それこそが運の本質です。それまでにまずは、運とはサイクルと腑に落として頂けたら幸いです。

運を英語に訳すと

運という言葉を英語で訳すと、基本的に「ラッキー」と言いますね。カタカナの日本語としても、十分に知られている英語です。

一般的に良いことがあったら「ラッキー」という言葉を使う方も多いと思います。

英語では「運＝Luck（ラック）」と訳されます。

「Luck」の語源はギリシャ語の「幸せ＝Hap」です。

「幸せ＝Hap」というギリシャ語がドイツ語・イギリス語になり、アメリカから英語として全世界に広がっていきました。

Luckの語源はギリシャ語の「Hap」ということは、ラッキーとハッピーは同じなのです。

つまり「Luck」＝「Hap」とは「感情」を示している言葉です。

一方、「運」とは「法則」を示している言葉なのです。

英語の「ラッキー」には置き換えられない言葉だと思っています。

まとめ

「運」という漢字1文字に込められた先人の知恵を思い出しましょう。

「運」は循環する「サイクル」です

運は「運び、運ばれてくるもの」

運とは「運ばれてくる偶然の巡り合わせ」と辞書には出ていました。

運という言葉を説明するときに、「運ばれてくるもの」だけでは半分の説明しかできていません。漢字ができて長い年月が流れる間に、もうひとつの意味が抜け落ちてしまったようです。つまり**「私が運ぶ」が抜けてしまっている**のです。

「私が運ぶ」「良いことが運ばれてくる」、この両方がそろい、両方を続けることでサイクルとして循環していく、それが「運」だと思います。

今私たちは、「運」という言葉に対して「誰かがいつか運んでくれる偶然の巡り合わせ」だけで考えてしまう、つまり運ばれてくるものばかりに意識を向けてしまっていないでしょうか。簡単に言うと、**もらうことばかり考えてしまっている**、ということになります。

宝くじに当たらないかな。
運動せずに痩せて健康になりたいな。
誰かが簡単に試験に受かるコツを教えてくれないかな。
うまい儲け話はないかな。

それらを得るために、偶然をじっと待っているのは、先にご紹介した「株を守りて兎を待つ」の農民と同じで、兎が切り株にぶつかる偶然をじっと待っている状態です。自分は何もせず、都合のいい結果を待っているだけでは循環は生まれません。

軍隊のサイクルでは、「訓練」「休息」「改善」などを繰り返しました。このようにサイクルを日々コツコツ積み重ねることが「私が運ぶ」です。この循環があるから強い軍隊になり「勝つ」という目的を達成できるわけです。**「運ばれてきたものを受け取ることができた」**とも言い換えられます。

現代の「成し遂げたい目的」というと、お金が欲しい、健康で長生きしたい、人間関係を良くしたい、試験に合格したい、ビジネスで成功したい、など、いろいろあると思います。

これから私達が学ぶ「超運の法則」とは、**偶然を待つのではなく「運び運ばれる循環」をどのように作り、育て、修正していくか**ということです。

そうすることで、一時的な良い結果ではなく、ずっと続く幸せ、「本当の運気」を得ることが目的なのです。

「本当に運が良い人」とはどんな人か

確かに「偶然に良いことがあったらいいな」と思います。そう願うことは自然ですが、しかし自分の人生の中で良いサイクルを作ることが大事なのだと思います。

スポーツでも仕事でも、日常生活の中で繰り返しおこなってきた訓練のサイクル、食事や休憩のサイクル、そういったサイクルを持っている人は強いです。サイクルは自信につながり、人生の底上げになります。

本当に運が良い人というものは存在します。

ピンチのときに手を差し伸べてくれる仲間がいたり、大きなチャンスが巡ってきたり、周りの人が驚くような幸運に見舞われたりします。それはまるでおとぎ話に聞こえるかもしれませんが、運が良い人は存在するのです。

これから説明していきますが、**本当に運が良い人というのは、「運ばれてくるものを待っている」だけではありません。「自ら良いことを運ぼう」と考えています。**

言い換えるならば、「運び運ばれるサイクル」を作る人なのです。

まとめ

運は「私が運ぶ」「良いことが運ばれてくる」その循環なのです。

一発逆転を狙わないほうがいい理由

宝くじに当たるのは本当に「運が良い」のか？

「運はサイクル」をイメージしていただくために、少し具体的なお話をしていきます。

まずは金運です。お金の運は特に、一発逆転の偶然を得ようと考えないほうがいいです。そうすると、失敗するケースが多いのです。

「ああ、今月のお給料が残り少ない。よし、ここは一発ギャンブルに行くぜ！」というのは、だいたい損します。

宝くじの高額当選をした友達は何人いますか？　宝くじを買った友達はたくさんいますが、宝くじに当たる友達はそういないのです。

何が言いたいかというと、宝くじは国がお金を集める仕組みなのです。銀行を使って定期的にお金を集めて、それを公共工事に使うというサイクルです。宝くじという名の税金、つまり欲望のある人に課せられる税金みたいなものです（笑）。

夢がないことを言って申し訳ないのですが、アメリカのデータによると、宝くじの高額当選者の約80％以上が自己破産するそうです。

40年ぐらい前のデータですが、今でもだいたい70％が破産するそうです。

例えば、ある人が宝くじでいきなり2億円を得たとします。

それまではコツコツ働いて20万円の収入があり、18万円を生活費として使い、1割の2万円を貯金するというサイクルで生活していました。

次の月も、また次の月も、その次の月もこのサイクルを繰り返していたのに、いきなり2億円を手に入れてしまったら、もう働くのが嫌になってしまいますね。

働くのが嫌になって働かなくなってしまったら、定期的に入るというサイクルがなくなってしまうわけです。宝くじで得た2億円はあぶく銭なので、ギャンブルや分不相応な贅沢をして、「お金を使う」という**負のサイクルが始まってしまいます。**

宝くじに当たる
←
働くのが嫌になり、働かなくなる
←
定期的な収入がなくなる
←
収入・貯蓄のサイクルが破壊される
←
分不相応な贅沢をしてお金を使うというサイクルになる

つまり、宝くじが当たった人は、一見すごく金運があるように思われますが、じつは収入・貯蓄のサイクルが破壊され、ドカドカ使うサイクルになってしまうので、金運が良くなったのではなく、金運が悪くなってしまうわけです。

とはいえ1回ぐらい当たってみたいですね。自己破産する人が80％だとしても、自分だったら残りの20％にとどまれるのではないか？ ワンチャンここにかけてみたいという、みなさんのお気持ちもわかりますよ。私も同じです（笑）。

お金を使ってしまうサイクル

例えば、年間100万円の収入の人で、110万円使う人がいました。10％多く使ってしまうサイクルです。こういうサイクルを持っている人が、今よりも多い金額が手に入るようになったら、どうなると思いますか？

例えば、プロ野球には1軍から3軍まであり、年俸に差があります。わかりやすくするため仮に、3軍は1000万円、2軍になったら1000万円、1軍になったら1億円の年俸だとします。

3軍のときに1000万円をもらって1100万円使ってしまう人は、2軍になって年俸が増えた場合、同じように10％多く使ってしまうのです。1億円プレイヤーになると1億1000万円を使ってしまうということです。

ものすごいお金持ちでも結局自己破産してしまう人がいるのは、このような、**お金を使ってしまうサイクルの中にいる**からです。

どんなに収入が増えたとしても、サイクルを見直さない限り、お金が手元に残らず苦しい思いをしてしまいます。

逆に、月々5万円の収入の人でも、10%貯金する人がいます。月に5万円稼いで10%の5000円を貯金するサイクルの人だったら、月に50万円稼ぐようになると、10%の5万円を貯金するようになるということです。

貯金を増やしたいならば、貯蓄サイクルをどのように作るか考えてみてください。

ただ、お金という存在は、さまざまなものを循環させるためにあります。言い換えるならば「お金」という存在自体がサイクルを望みます。

単純に貯めるばかりでなく、道具や学びなどを得るために使い、その代わりに技術、知恵、経験、思い出といった、自分の知的財産や経験財産を増やす、というサイクルも必要です。このような、社会の中で循環させるサイクルも作っていきましょう。

例えば、私は絵を描くことを主な仕事にしていますが、美術館も経営しているので月々の支払額も多々あります。ですが出費は、仕事の質を高めるために必要であり、絵を描き続けることで「技術が上がる」という、良い結果も得られるわけです。

知恵や技術が上がれば勝手に仕事の質も高まり、サイクルが強くなっていくので、それで良いと思っています。

サイクルから見る健康運

健康を維持していく運が「健康運」です。健康面でも一発逆転は考えないほうがいいと思います。

例えば、健康のためにサプリメントのビタミン剤を、1日で30日分をガバガバ飲んだら、それはサイクルではないですよね？　体を壊しかねません。1日1錠の健康補助食品を定期的に体に取り入れるというサイクルを作ることによって、健康運が良くなるわけです。

薬もそうです。とても良い薬だからといって、それを一気に飲んでしまうとどうなりますか？「ちょっと痛みがあるな。鎮痛剤を飲んだら痛みがなくなるな。よし、痛みを全部なくすためにガバガバ飲むぞ！」というのは、危ないからやめてくださいね（笑）。

健康運というのは、日々の運動や食生活が大事です。続けていくことでサイクルになります。

じつは私は、定期的に風邪を引きます。風邪を引いたり体調を崩したりした場合、瞬間的にいうと健康運が下がったような感じがしますが、長い目で見たら、天然の免疫などが手に入ることもありますので、それもひとつの健康運なのかなと思います。

風邪を引かない人は、もともと免疫や体温が高かったり、風邪を引かないように気をつけたりという良いサイクルを持っている人といえます。

私の母親は、もともと少し体が弱いんです。常に病気がちなのでいつも自分の体が悪いことに向き合っています。つまり、自分の体とよく対話をしています。

「具合が悪くなりそうだから早めに休もう」「早めに栄養を取ろう」というように、早めに対応をしています。

「病上手《やまい》に死に下手」（よく病気をする人はなかなか死なない）という江戸時代のことわざがあります。定期的に病気を煩うことによって、体の声を常に聴くというサイクルは、ある意味良いサイクルなのかもしれません。

まとめ

一発逆転によって、かえって運が悪くなる場合もあるのです。

サイクルがスパイラルになる

サイクルを繰り返すとスパイラルになる

「つまり運が良くなるためには、決まりきったことをサイクルとして繰り返すだけなんですか？」というと、そうではないのです。

サイクルを続けていくと、自分が想像していた以上に面白いことが起きるのです。

運とはサイクルです。**そのサイクルを繰り返していくと、スパイラルになります。**

スパイラルとは、渦巻き状に広がる形状。らせん状に進んでいくことをいいます。

渦巻き状に成長が加速するみたいなイメージで認識していただけたらと思います。

例えば、私はいろいろな絵を描いております。私の講演会でパフォーマンスを見てくださった方はご存知だと思いますが、ものすごく速いスピードで絵を描いたりするんですね。

そのベースには、「日頃から絵を描いている」というサイクルがあります。絵を描くというサイクルを日々繰り返しているので、繰り返せば繰り返すほどスピードは上がっていき、絵の技術が上がっていきます。

それは単に同じところをずっと回っているサイクルではありません。サイクルが成長し、回転数が高くなる、つまりスパイラルになるわけですね。

しっかりとしたサイクルさえ作ってしまえば、「サイクルがスパイラルになっていく」という夢のある話なんです。

お金を増やすサイクルもある

スパイラルの計算は「アルゴリズム」で見えてきます。アルゴリズムとは自動計算のことです。

例えば、歌手の水前寺清子さんが歌う「三百六十五歩のマーチ」の中に、「1日1歩、3日で3歩、3歩進んで2歩下がる」という歌詞があります。

3日かけて3歩進んだところで2歩下がる、というのが、この歌の主人公が送っている人生のアルゴリズム、方程式です。

2歩下がって見直しをすることで確実に着々と進んでいる人生が目に浮かびます。この歩みを1年間繰り返すと、1年で120歩くらい前に進む計算になりますね。

同じように、お金を生み出すサイクルも考えることができます。

ジュースなどを販売する自動販売機にはオーナーがいます。ひとりで1000台くらい所有しているオーナーさんもいるそうです。

例えば、売り上げは数万円ほどで、そこから電気代や場所代などの諸経費を引いて、月々1000円の利益しか残らない自動販売機だとします。

具体的にいうと、1台の自動販売機で月5万円を売り上げて、4万9000円の経費を使って、1000円残るというサイクルです。

たった1000円と思うかもしれませんが、このサイクルでいくと、1台の自動販売機で年間1万2000円手に入るわけですね。それが1000台あるとしたら、利益はいっぱい！ということで、計算は……みなさんでやってください（笑）。

まとめ

サイクルを作ることができたら、それをスパイラルに育てていきましょう。

大切なのは、まず「どのようなサイクルを作るか？」です。最初に１０００円稼ぐサイクルを作ったら、次はそこで得た知識を使って「どのように収入アップのスパイラルに育てていくか」です。

「運はサイクル」といっても、ただ「決まりきったサイクルで変化のない日々を過ごしましょう」と言いたいわけではありません。

サイクルを育てることにより、一段上に思考の次元が進化します。

その構造をこれからお伝えいたします。

質問コーナー①

「笑顔」について

スピリチュアや自己啓発本にはよく「笑顔でいると良い」と書いてあります。サトルさんはどのように感じていますか？

例えば、「ありがとう」や「笑顔」は良いサイクルそのものです。

「ありがとう、ありがとう」と言いながら生きていると笑顔になり、笑顔で横隔膜が広がると呼吸が深くなります。呼吸が深くなると、全身の細胞に酸素が行き渡り、細胞内の「ミトコンドリア」がエネルギーを生産するのを助けます。

良い酸素を体中に送ることによってパワーが生じるわけですから、笑顔で生きていると、風邪を引いたときも回復が早くなる、ということになります。

反対の方向から考えると、よりわかりやすいと思います。

「あー将来が不安だ、将来が不安だ」と、うなだれていると横隔膜が狭まり、脳の中ではストレスホルモンがいっぱい出てしまいます。そうすると回復が遅くなります。

「不安だ、不安だ」と言っている人と、「ありがたい、ありがたい」と言っている人では、どちらのサイクルのほうが1年後の健康状態が良いと思いますか？　やはり「ありがたい、ありがたい」と言っている人ですね。

もし、あなたが会社の社長だとします。「ありがたい、ありがたい」と言って笑顔の人と、「不安だ、不安だ」と言って不安そうな顔をしている人と、どちらを雇いたいと思いますか？

もちろん雇用の状態でいろいろあるかもしれませんが、確率論としては、「ありがたい、ありがたい」と言って笑顔でいる人を雇いたいですよね？

「素晴らしい人間になりましょうと」という人格論は一切言っていません。

良いサイクル、笑顔のサイクル、感謝のサイクルを作ったほうがメリットがあることをお伝えしておきます。

とはいえ、自分の体が弱っているときは、ネガティブなことを考えやすくなります。その理由として、危険察知の能力が高まるからです。

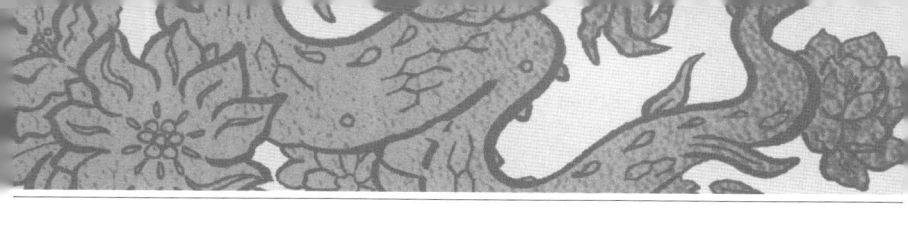

具合が悪いときほど危険なものが来るのをいつもより早く察知する必要があるので、いつもより危険の感度が高まり、いろいろなものが危険に見えてしまうわけなんですね。これは生物の本能ですから仕方がありません。

そうすると、いろいろな人の嫌なところが目につき、ネガティブな感情になってしまいます。私も含め、みなさんそうだと思います。

また、悪いことが続いてしまうときもあります。

私は比較的心の回復が早いほうなので、たいていはご機嫌ですが、じつは以前、ハンコひとつついたことで、年収の3倍も損をしたことがありました。

そのときはさすがに、正直1日ふて寝したんですよ。「もうやってられない！」と思って。「私が悪いわけじゃないのに、払わなくてもいいお金を、なぜ私が立替えなきゃならないんだ！」と。でも、ネガティブに考えてもしょうがないですし、負の感情を持っていたら周りが応援しづらくなりますよね。

そして、ネガティブな感情があるときに、仕事で人前に立たなければならない日もありますが「笑顔」を心がけています。外面《そとづら》だけでも良いほうが周りのみなさんのためになります。

外面が良いということは、ＴＰＯ（時と場に合わせた対応をすること）をわきまえているということですし、顔というものは人のためにあると思っています。

その顔が、「笑顔である」か「不機嫌である」かによって、周りの人に与える影響も変わってしまうのだから笑顔でいたいですよね。

誰しも生きていたらつらいこともあるとは思いますが、せめて人の前では笑顔でいたいですね。そうすることによって、応援者が増えていくと思います。

繰り返し言葉について

日本では古くから、擬音語・擬態語を使ってきました。その中でも状態や心境などを表す際は「繰り返し言葉」が多く使われています。自分の状態や心境を擬音語・擬態語で表し、現状を認識するのも面白いです。

◉良いサイクル

ワクワク　ニコニコ　コツコツ　ランラン　キラキラ

◉悪いサイクル

シクシク　クヨクヨ　イライラ　ダラダラ　ムカムカ

あなたの状態や心境は、どんな繰り返し（サイクル）にしていきたいですか？

第2章

運を育てる

10

良運の土台は良い人間関係にある

良い因果のサイクルを作り、良い人間関係を築く

「運を育てる」略して「育運」と名づけています。この章では育運についてお話ししたいと思います。

ほとんどの人間は、社会の中に属して生きています。会社や家族、趣味の仲間など、みなさんもさまざまな集団に属し、日々人と接して生きていることと思います。そのため、人間関係を無視することはなかなかできません。

良いサイクルを作るためには、良い人間関係を築くことがベースになります。

では、どのようにして良い人間関係を作ればいいのでしょうか。それは、とてもシンプルです。良いことを投げかければ、良いものが返ってきます。良い因果、とも言えます。

仏教には「因果応報《いんがおうほう》」という言葉があります。つまり「原因があって結果がある」ということです。「種を植えたら芽が出る」みたいなことですね。難しく考える必要はありません。

「良いことを投げかける」を具体的に言うと、いつも笑顔で「ありがとう」を相手に投げかけるというのがわかりやすい例です。「ありがとう」という気持ちを投げかけていると、それがサイクルになり、「ありがとう」の気持ちを持った人たちが徐々に徐々にあなたの周りに増えていきます。

- **相手に感謝するというサイクル**
- **相手の良いところを見つけるというサイクル**
- **相手を尊敬するというサイクル**

これらは良いサイクル、良い人間関係になっていきますね。

あなたにチャレンジしてみたいことがあって、そのことを良いサイクルの仲間に相談してみた場合、**きっとあなたを応援してくれることでしょう。**応援者がたくさんいれば、たくさんのアイデアをもらうこともできますよね。

毎日無理してお酒のお付き合いをするような馴れ合いはいらないので、感謝の空気感を持つ集まりに所属しておきたいですね。そして、何かにチャレンジしようとしたときに「応援するよ！」と言いあえる仲間を増やしておくと良いと思います。

悪い因果のサイクルは結果がわかりやすい

いつも「ありがとう、ありがとう」と言っていても、本当にありがとうの輪が広がったかどうか、わかりにくいものですが、悪いことはとてもわかりやすいです。

例えば、いつも周りと喧嘩して「お前はバカだ！　バカ野郎！」と言っていたら、悪い影響はすぐに広まってしまいます。悪いサイクルはすぐに結果が出ます。

いつも周りと喧嘩しながら生きてきた人が、いきなり「これチャレンジしたいんです！」と言っても、応援してもらえません。仲間がいないから鳴かず飛ばずで終わってしまうわけです。

いろいろなものが積み重なってしまう悪いサイクルもあります。

例えば、信頼関係がそんなにない状態で相手を茶化したような言葉を投げかけると、相手は**「あんなこと言われた」と嫌な気持ちになり、その気持ちがこちらにも投げかけられます。**それが積み重なり「嫌だな」というサイクルが続いてしまいます。

信頼関係があるパートナーシップであっても、感謝のサイクルを忘れると「嫌だな」というサイクルが始まってしまい、それが続いていくといつか爆発してしまいます。

恩を感じ、恩送りすることで育つ、感謝のサイクル

「恩送り」という言葉があります。最近はメディアでも取り上げられていますので、ご存知の方もいらっしゃることと思います。

何か恩を受けたけど返せていないなと思うことありますよね？　でも、「恩返し、していない……」と気に病む必要はありません。「恩送り」の考え方では、恩をくれた人に直接返さなくてもいいのです。**返す相手は「社会」です。**

例えば、子供の頃におじいちゃんからお年玉で１０００円もらったとします。でも、

お年玉をもらったからといって、おじいちゃんに1000円分のお中元を返す必要はありません（笑）。おじいちゃんもそんなことは期待していないと思います。いただいたお金で自分の成長に役に立つような参考書を買って、勉強して大人になってから社会に恩送りをすればいいわけですね。

親や祖父母だけでなく、**人からもらった恩は社会に返せばいいのです。**あなたに何かをしてくれた人も、お返しを期待してやってくれたことでしょうか？　少なくとも、感謝のサイクルの仲間たちは、見返りを期待してはいないはずです。

恩をくれた人に直接返さなければいけない、と気負うこともありません。「親分から恩をもらったから、親分のために命をかける」とまで言うと任侠映画のように恩によってがんじがらめになり、恩の意味合いまでも変わってしまいます。

残念なことに、恩を受けたにもかかわらず、何も感じない人もいます。

自分がもし会社の社長だとしたら「恩知らず」と「恩を感じる人」、どちらを可愛がりますか？　やはり恩を感じる人ですよね。恩を感じる人に、より多くのチャンスを与えたくなってしまうものです。そして「いつか社会に返す」というような姿勢を見たら、社長も嬉しいですよね。社長にお中元を贈るよりもよっぽど良いです。

まずは**いただいた恩を知ること**です。仏教用語では「知恩」といいます。誰かがあなたにしてくれたことを受けとめ、「ありがとう」と感謝する気持ちを持つようにします。感謝して、その恩を社会に返していくという姿勢。つまり、「恩」が社会に運ばれることで、ここにもサイクルが生まれます。

ちなみに、恩送りをしようという人は目上の人に可愛がられます。究極の目上の人がもし神様だとしたならば、恩送りする人は神様に愛される人だと思います。

まとめ

「ありがとう」の気持ちでつながる良い人間関係を持ちましょう。

11

「貢献のサイクル」は誰でも持てる

恩を社会に返す、という「貢献のサイクル」を作っていくことが大事です。貢献のサイクルを作ることで、良い因果も自然と運ばれてきて、良い縁、良い人間関係も築かれていきます。みんなのために貢献できる人は、何か良いサイクルを持っています。

無財《むざい》の七施《しちせ》

ですが、お金がないと人や社会に貢献できないと思ってしまいがちです。地位や名誉があり、人からの賞賛を得るような人物でないと、人を励ますことができないと思ってしまう人が多いようですが、**誰にでもできることがたくさんあります。それが仏教でいう「無財の七施」です。**

お金、地位、名誉がなくてもできる7つの施しのことです。

1 眼施《げんせ》 優しいまなざしを向ける。
2 和顔施《わげんせ》 笑顔で接する。
3 言辞施《ごんじせ》 優しい言葉を使う。
4 身施《しんせ》 労働で貢献する。荷物を持ってあげるなど。
5 心施《しんせ》 心を配る。「大丈夫ですか?」と声をかけるなど。
6 床座施《しょうざせ》 座る場所を提供する。立っている人に席を譲るなど。
7 房舎施《ぼうじゃせ》 安心な場所を提供する。

どういう「貢献のサイクル」を育てるか?

私がやっていることを例にしますと、電車に乗っていて混みそうなときは、最初から立つようにしています。また、ホームセンターなどで駐車場に車をとめるときは、体力にゆとりがある日は、極力遠くにとめるようにしています。おかげさまで五体満足でございますから歩くくらいは十分にできます。歩いたほうが健康にもいいですし、ほかのみなさまが近くにとめる場所が増えるので、いいのです。

そんな感じで、私なりにできることをしています。

ちょっと弊社の自慢をさせていただきますと、うちの会社では、社員さんや仕事などで訪ねてきてくれる人を巻き込んで、ゴミ拾いをしています。そして、ゴミ拾いをしながらミーティングをします。

そうすると、地域もきれいになるし、やっていて気持ちがいいです。地域との絆を持つことによって、何か新しい活動につながるかもしれません。

楽しいからやっているだけなのですが、何か少しでも社会に貢献できることをしていきたいなと思っています。

ぜひ、どういう「貢献のサイクル」を育てるかを考えてみてください。そして、どうやったら続けられるかも考えてみてください。

筋肉トレーニングも1日思いっきりやったからといって、その後1年間何もやらなかったら筋肉はつきません。やはり日々コツコツやるから筋肉がつくのです。

自分の人生のサイクルの中に楽しみながら取り入れられるといいですね。そして、その**ワクワクのコツコツこそ、人生を一変させる「超運」のカギ**になるのです。

まとめ

どんなに小さなことでもいいので「貢献のサイクル」を作りましょう。

12

想像を超えるステージに変わる「超運の法則」

いきなり、想像を超えるステージに変わる

ここからがやっと本番です。

サイクルを続けることで面白いのが、いきなり想像を超えるほどステージが変わるときがあることです。

勉強でもスポーツでも、何か物事を始めたら、右肩上がりで少しずつ成長していくのかと思いきや、そうではありません。「ためてためてポン！」なんですね。

うまくできない状態がしばらく続いて、それでも諦めずにコツコツ頑張っていたら、突然ハッとひらめいてうまくいく経験がある方も多いと思います。

「ためてためて……いきなりポン！」とステージが上がるのです。

例えば、私の知り合いの話ですが、普段からただひとり、ゴミ拾いをしている人がいました。それをどこかで見てくれている人がいたのですね。

その人がゴミ拾いを1年ぐらい続けたときに、新聞の取材の方が来て「いつもあなたはゴミ拾いをしていましたね？　遠くから見ていました。どういう気持ちでゴミ拾いをしているんですか？」とインタビューを受けたのです。

その記事が新聞に掲載されると、その人の元にだんだん人が集まるようになり、グループができました。その人が何かやろうとするときに、「一緒にやりたい！」「応援したい！」と言ってくれる仲間となり、いろいろなことがうまくいくようになりました。ゴミ拾いをひとりでやっているときは横ばいだけど、「いきなりポン！」となった例です。

ためてためてポン！　この瞬間が「超運」です

私の場合ですが、私はずっと絵を描き、絵を仕事にしようとしていましたが、20代の頃は全然絵が売れませんでした。それでも描き続けていました。

描いても描いても、売り上げは全然上がらなかったのですが、それでも技術は知らず知らず上がっています。ちょっとずつ、ちょっとずつ、人間的な部分も成長していました。するとあるとき「サトル君、良い絵を描くようになったね。ちょっとこういうのやってみない？」と、大きな仕事の依頼をいただき、「いきなりポン！」が起こったわけです。それ以降、いきなり絵で生活できるようになったんですね。

まさに、「ためてためてポン！」ですね。

このように、**コツコツ続けてきたことが突然うまくいって次のステージに上がることを「超運」といいます。**

超運を得た本人は、ステージが変わったと感じても、自分自身の技術や能力が突然上がったとは感じないでしょう。なので、引き続きコツコツを続けていくだけです。

運は、階段状に上がっていく

超運は、コツコツを繰り返している限り、再び訪れます。

一度の「超運」で満足したり、飽きてコツコツを止めたりしない限り、再び次のステージが現れます。逆に言うと、次のステージに上がるためにも「ためてためて」が必要なのです。

十分にたまったところで、また突然「超運」が起こります。

その様子を図にするならば、**階段状に運が上がっていくイメージで、「運の成長曲線」と言います。**

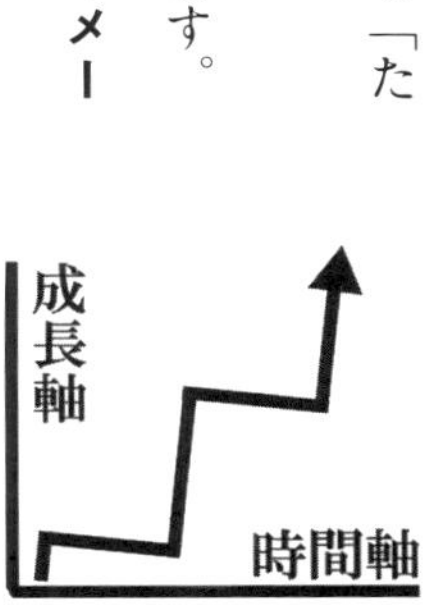

運の成長曲線

石が流れると書いて「流石《さすが》」という文字があります。普通の水の流れでは石は流れませんが、十分にためてから放流することで、石を動かすほどのエネルギーが生まれます。「流石ですね」という褒め言葉は、その方のためてきた陰の努力を称える言葉なのだと思います。

なので、あなたがためてきたさまざまな経験は無駄にはなっていないのです。

まとめ

いきなりポン！　とステージが上がる状態が「超運」です。

13

「超運」は誰にでも訪れる

超運を得た人たち

社会に恩を返す「貢献のサイクル」を持っていると、人に恵まれます。良いサイクルの仲間が「超運」のきっかけを作ってくれて、いきなりうまくいくことは特別なことではなく、身近にもよくあることです。いくつか例を見てみましょう。

◉コンビニで働いていたらベンチャー企業からスカウト

コンビニで従業員として働いている人がいました。いつも商品が売れるように工夫し、笑顔で接客し、誰に言われるでもなくお店の周りをきれいにするなど、コンビニの仕事を楽しみながらおこなっていました。

そのコンビニの近くには会社も多くあり、ビジネスマンの利用客が多かったそうです。毎日のようにそのコンビニを利用していた、あるベンチャー企業の社長が、その従業員の仕事ぶりに感心し「うちで働かない？」とスカウトしたという話があります。

事業を立ち上げたばかりの社長は「良い人材いないかな？」と、常に目をキラキラさせながら人を探しているので、優秀な人材を見つけたら声をかけたくなるんですね。

◉趣味で活動をＳＮＳなどにあげていたら、いきなりテレビで紹介される

今、ＳＮＳが幅広く使われていますね。フェイスブックやブログ、インスタグラム、ティックトックなどたくさんあります。名前が売れていなくても、コツコツと作品をアップしていると、たくさんの人が見てくれるようになり、フォロワーが増えていきます。何年かそれを続けていたある日、「うちでやってみない？」とプロデューサーさんから声がかかったという人もいます。

テレビ局や出版社など、ネタを探している人にとっては、フォロワーの多さは大変魅力的に映るのです。

◉料理を研究していたらお店を出すことになる

インド料理が大好きで、何度もインド料理屋さんに通ったり、プロの料理人から教

わったりしながら、独自に研究している人がいました。たまたま「ありがとう」でつながる仲間に食べてもらう機会がありました。その仲間に飲食店のオーナーがいて「これ、すごく美味しいですね！　事業を拡大したいと思っていたところです。お金は出すのでお店やりませんか？」と誘いを受けた方もいるようです。

「超運」を周りから見ると

ご紹介した例には、地道な積み重ねの時期があります。インド料理の本を見ながらいきなり作って、いきなり店はできないんです。

でも、この「ためてためて」のコツコツのときを見ないで「ポン！」となったときだけを見た周りの人が言うんです。

「あいつは運が良いだけだ」って。

「あいつは偶然ついてたね」って。

偶然うまくいったように見える例でも、必ず下積みの時期があるのです。周りには偶然に見えるとしても、本当は、ちゃんと「ためてためて」という時期があったということです。

自分ではなく、傍《はた》から見たときに「ポン！」と上がったように見える、この瞬間が「超運」なのです。

実力がないのに高いところに上げられるとどうなる？

逆に言うと「ためないでいきなりポン！」となると、本人がいちばんつらいです。

私の例です。10代のときに、自分の実力よりとても高いレベルの仕事をいただいたことがありました。周りの人からは、「運が良かったね！　その仕事もらえて！」と言われましたが、私は半分ノイローゼになりました。なぜならば、「ためてためて」がないのに、いきなり高いところに上がらされたからです。**実力がないのにいきなり祭り上げられるとパニックなんですね。**

宝くじでもそうですが、お金の使い方がわからないのにいきなり1億円もらったら破産するんですよ。

本当に偶然が重なって、高いところに登った人は必ず苦痛を伴います。ですが、「ためてためてポン！」という人は、苦痛をあまり伴わないのです。

超運を実現した偉人、弘法大師空海

弘法大師空海さんは、言わずと知れた日本の仏教界のスーパースターですが、空海さんも前半世では大学を中退し山の中で修行した時期がありました。

修行に対する真摯な姿勢を、見ている人は見ていたんですね。空海さんは「あなた、遣唐使あるけど、ちょっとどうですか？」というように、誘いを受けました。

ちなみに、遣唐使とは、先進の文化を学ぶため日本から唐（今の中国）へ派遣された使節団のことです。いきなり遣唐使に民間から抜擢されるということは珍しいことだったのです。

遣唐使として船で唐に渡るわけですが、たまたま船で流れ着いたところでは、現地の人たちに不法入国者と疑われてしまいます。そのときに空海さん、漢字で「私たちは怪しい者じゃございません」と書いたのですが、その字があまりにも達筆だったので、「いや、これは素晴らしい人が来たに違いない」と思われ、国賓《こくひん》として迎えられたんですね。

それくらい字が上手《うま》かったのですが、**生まれつき字が上手かったか？　というと、そうではありません。それまでずっと書を練習してきたのです。**その日だけ頑張って時間をかけて書いたとしても、突然綺麗な字は書けないのです。

また、それまで修行をしていましたから、中国の真言宗《しんごんしゅう》の和尚《おしょう》・恵果《けいか》さんが「あなたにすべてを伝授します。あなたがそれだけの修行をしてきたことは見抜けます」と、ほかの弟子を一気に抜かして空海さんを後継者に抜擢しました。

国賓扱いも、後継者抜擢も、周りからするといきなり感がありますが、やはりこれも「ためてためてポン！」なんですね。

まとめ

日々のコツコツが、「いきなりポン！」へとつながっていきます。

14

超運を得るための5つの秘訣

良いサイクルを作るために重要なこと

何かひとつのことを続ける、ということが苦手な方もいます。「コツコツ」に対して、つらいイメージを持っていませんか？　考え方を少し変えてみましょう。

良いサイクルを作るための、５つの秘訣をご紹介します。

◉その①　楽しむ

どんなことでも楽しみながらおこないます。

私は絵描きです。「絵を描いて生きている」というと、なんだかこう、とっても自由な生き方をしているような感じがしますよね？　だからよく講演会などで「斎灯先生、好きなことを仕事にするにはどうしたらいいんでしょうか？」という質問を受けます。私のいつもの答えは、「やっていることを好きになりましょう」です。

好きなことを仕事にしようと考えるばかりでなく、やっていることを好きになるという意識でいます。どんなことでも、やっていることを楽しむ気持ちが大事です。

◉その②　成長を実感する

「以前できなかったことがちょっとできるようになった」「前はここの表現が難しかったけどちょっと上手くなった」といって自分の成長を実感することです。

私の場合、絵は描いて終わりではなく、描いた後にちゃんと自分の作品を褒めることが大事だと思っています。

◉その③　学び、改善する

「もうちょっとこういう風にしたほうが良かったな」と改善することです。

自分の絵を褒めたとはいえ、まだまだ成長の余地があるわけです。「どうしたらもっと良くなるかな?」と改善を考えます。参考になるものに出会ったら「世の中にはこういう技術を使っている人がいるんだ。勉強になるな」と言って学び、さらに自分の成長につなげていきます。

◉その④　感謝する

その業界に感謝をすることです。学びが深まると、自分を生かしてくれるその業界への感謝の心が湧いてきます。

◉その⑤　愛する

いちばんは、サイクルを愛することです。日々続けることを改めて大切なことだと意識し、愛するのです。日々の料理や運動などもそうです。

「ステージが上がる」とは、仕事などで出世するだけではなく、以前は大変だったことが楽におこなえるなど成長したときです。やりがいを見つけられたときもそうです。昨日の自分を超えたとき「運が良くなった」「良いサイクルだ」と実感し、感謝の心とサイクルを愛する気持ちが湧いてきます。

言葉にして発してみるとより良いです。

「楽しい楽しい」「ついてるついてる」「感謝感謝」「ありがとうありがとう」

そうやって、楽しみながら、愛しながら、改善し続けると、良いサイクルとして成長していきます。

楽しくない、という方へ

①楽しむ、と書きましたが、もう少し詳しく説明します。

「仕事が楽しくないんです」という人がいます。そういうときは「どうやったら楽しめるか？」を考えるといいですね。「やらされている」「仕事だから仕方ない」わけではなく、仕事というサイクルを**どこまで自分が人生の主人公としてやっていけるか**が大事だと思います。

例えば、私は学生時代いろいろなアルバイトをしました。袋詰めなど単純作業の仕事もありました。最初は同じことの繰り返しで作業を覚えます。慣れてきたら「もうちょっとこうやったらスムーズに次ができるな」「こうやったら１秒短縮できるな」「ちょっと小指を使ってひっかけて袋に詰めれば、より綺麗になるな」といって改善と成長を楽しんでしまうんですね。

そうすると、「この人は仕事を楽しむ人間だな」と、周りの人から思われます。同じ場所で仕事をしていると、周りの人も気づくんですよね。

認められると「じゃあちょっとキミ、バイトリーダーやってみないか？」と声がかかったりして、ステージがひとつ上がるのです。

好きなことを仕事にする方法

これもまたバイト時代の話になります。

私はガソリンスタンドでバイトをしたこともありますが、そのときも、「どうやったらここで楽しくバイトできるだろうか？」と考えていました。

バイト中には「斎灯君、床を掃除して！　そこの茶碗洗っといて！」といろいろな仕事を頼まれますが、私は茶碗を洗うのが下手なんですよ。もちろん楽しくやるんですよ。楽しくやるけど下手なんです。

ある日、ガソリンスタンドの社長から「添加剤のポップを描いて」という依頼を受けました。ガソリンスタンドで販売している添加剤とはエンジンのパフォーマンスを向上させるのが狙いの商品です。商品をお客様にすすめるための広告制作を頼まれたわけです。

私は、茶碗を洗うのは下手ですが、絵を描くことは、人の倍のスピードでできます。言葉を考えるのも得意です。

そこで「あなたの夜に添加剤」というキャッチコピーとともに女性の顔を描いたポップを作りました。そしたら、その添加剤がとてもよく売れたんですよ。売上が3倍近く増えました。

そういうことを繰り返していくと、洗い物の仕事ではなく絵を描く仕事が増えていくわけです。「斎灯君はポップを描かせたら人の3倍の力を発揮するのに、灰皿を洗わすと3分の1の力しか発揮できないね」と言われて（笑）。

「どうやったら仕事が楽しくなるかな？」と考えながら、楽しそうにやっていると、得意な仕事を振られる率が増えていくんです。良い経営者は、得意な人に得意なことを頼み「売り上げを伸ばす」というサイクルを作りますから。

最初から好きなことができなくても、目の前のことを楽しんでやっていると、結果的に得意なところに集約されていくわけです。私の場合、結局どこでバイトをしても、ポップを描く専門の人になっていきました。

好きなことをやろうとすること、もちろんそれも大事なんですが、やっていることを好きになると、不思議なことに得意なことへの注文が増えていきます。

幸せの実感はどんなときに起きる？

②の成長の実感についても、「なかなか実感できない」という方がいます。昨日の自分と見比べても変化がわからない場合は、去年の自分と、今年の自分を見比べてみてください。私の場合ならば絵のクオリティーが上がり、成長しているんですよね。去年は去年で頑張っていたのですが、今年は今年でやっぱり成長しています。

3歩進んで2歩下がる、でいいのです。2歩下がったときに、「ちょっとダメかな？」

「ちょっとうまくいっていないかな?」と気づいて改善する、それを繰り返して**1年くらい経つと、なんだかんだと成長しているのがわかるものです。**

見てくれる人もいますが、多くの人は、少しの変化を見てくれません。前髪を1センチ切ってもなかなか気づいてもらえないですよね。それと同じで、他人のちょっとした成長にはなかなか気づかないものです。

そういうときは、成長していることを自分で実感していきましょう。

まとめ

成長を実感しながら楽しくおこなうと、サイクルを愛せます。

15

焦らず、運を受け取る準備をする

超運を得るには、受け取る準備が大事

ここまで、運を育て、超運を受け取った方の例をいくつか紹介してきました。

でも、一体いつ超運が訪れるのか、いつまでコツコツ努力をすれば認められるのか、一生このままなのかもしれない、もしかして超運のチャンスがあったのにうっかり逃してしまったのかもしれない、と焦る気持ちも当然芽生えてきます。

そんなときに、やはり偶然を欲しがってしまいがちです。

「宝くじでも当たらないかな?」

「憧れのあの人とバーンとぶつかって出会いがないかな?」

というような偶然を、多かれ少なかれ、考えてしまう方が多いように思います。

ここでは、偶然を欲しがるよりも、**「受け取る準備」のほうが大事**という話をします。

世の中はチャンスだらけです

「チャンスの女神は前髪しかない」というのを聞いたことありますか？

チャンスの女神には前髪しかないから、通り過ぎたあとに髪の毛をつかもうと思っても、もう遅い、という意味です。古代ギリシャのことわざが元になっており、西洋で使われているそうです。


私の考えは違います。「チャンスの女神は後ろ髪ボウボウ」です（笑）。

つまり、いつでもそのチャンスはつかめるので、焦って取りに行く必要はないと思っています。


「チャンスは1度きり」「チャンスは今しかない」など、よく聞く言葉です。

でも実際、世の中はチャンスだらけなんです。チャンスは無数で、チャンスしかありません。

ただ、準備が整ったところにチャンスがいっぱいあるわけです。**だから焦らないで、自分を幸せにするサイクルを作ることに意識を向けましょう。**

だいたい焦ったときは、あまり良いことはないですよね。

「この株、今買ったら儲かりますよ」という話を耳にすることがあります。本当かなと思いつつも、チャンスは今しかないという焦りを誘う話ですよね。

ずっと株式売買の仕事をしてきて、その世界を生き抜いてきた人であればいいんです。株を見抜くサイクルを持っていることでしょう。でも、普段株をやったことがない人は、詐欺に引っ掛かる可能性のほうが高いのはお分かりだと思います。

例えば絵描きである私が、まだ実力が伴っていない20代のときに「天井画を描かせてくれ、天井画を描かせてくれ」と、どれだけお寺さんに営業に行っても、たぶん1枚も書かせてもらえないですね。

だけど、実力が付いた今であれば、お寺さんのほうから来てくださるんですよ。「天井画を描いてもらえませんか？」と言っていただけるようになりました。

まとめ

チャンスの女神は後ろ髪ボウボウ！
しかも何度でも訪れるので、焦ることはありません。

16

シンデレラはいつ超運を受け取ったのか

シンデレラは一発逆転のラッキーガールか？

受け取る準備を整えて超運を手にした、とても有名な方のお話をしましょう。

みなさんご存知の「東京ディズニーランド」の中心には「シンデレラ城」があり、そこにはシンデレラが住んでいます。

ご存知の方も多いとは思いますが、グリム童話を元にした「シンデレラ」のあらすじをざっと話します。

シンデレラは、継母《ままはは》や、その連れ子である義理のお姉様方にいじめられていて、みんなが楽しく出かけている間もいつもひとりで掃除や洗濯をしていました。

でも、シンデレラはそういった家事や雑用を楽しくおこなっていたんですね。時にはネズミにもごはんを分けてあげるなど、小動物に対しても心優しい性格をしていました。まあ今の時代ではちょっと不衛生かと思いますが（笑）。

そんなときに継母や義理のお姉様たちがダンスパーティーに行くことになりました。シンデレラがふと「私も行きたいな」と思ったときに、健気に掃除を頑張るシンデレラをずっと見ていた魔法使いのおばあさんが魔法をかけてくれました。かぼちゃが馬車になり、ネズミが馬になり、シンデレラはお城に行って王子様と出会ってダンスをしました。

魔法が解けるリミットである12時の鐘が鳴ったので「もう門限ですから」と帰る途中で、ガラスの靴を片方落としてしまったんですね。

「この靴は誰のものだろう？」と王子様がお城の使用人に靴の持ち主探しを命じて、靴がピッタリ入る人が持ち主に違いないということで、シンデレラが探し出され、お城に迎え入れられた、というようなお話です。

このお話の続きを考えてみましょう。シンデレラは王子様のパートナーとして認められ、王族に入って、千葉県舞浜のお城に住んでいると考えられます。

王子様のほうに欠陥がある可能性もあるので、別れること自体が悪いわけではありません。ただ、今のところパートナーシップとしては別れたという報道は週刊誌にも出ていませんし、そんな噂はみなさん知りませんよね（笑）。

王子様と出会って、お城からお迎えが来て以来、シンデレラは、いまだに王族としてお城に住んでいるわけです。

シンデレラはいつ「超運」を受け取れたのか？

なぜ王子様とのパートナーシップが続いているのかというと、シンデレラはお城に住むことになっても、お城で働いている方々に心優しく接していて、周りの方々に対してはいつも笑顔で、掃除も丁寧にやっているだろうと思います。つまり性格が悪くなっていないはずです。

宝くじが当たったかのように「王子様射止めたぜ！　玉の輿だぜ！」といった態度で、シンデレラ城の使用人に横暴な振る舞いをしていたとしたら、長続きはしません。性格の悪さがバレて離婚してしまう可能性が高いということです。

何が言いたいかというと、シンデレラのすごいところは、王子様と出会ったことでもなく、靴のサイズがピッタリ合ったことでもなく、魔法使いのおばあさんが来たことでもないのです。**誰にでも優しい心で接し、掃除や雑用も楽しむというサイクルを積み重ね、超運を受け取る準備ができていた、**というところです。さらに、物語が終わったその後のお城生活の中でも、健気さを保ち続けていて、超運も続いていると思われるのです。

もし、魔法使いのおばあさんが現れなくても、もし王子様とすれ違って出会いのチャンスを逃したとしても、焦らずシンデレラらしさを続けていれば、超運を手に入れていたことでしょう。お掃除のプロフェッショナルとしてカリスマになっていたかもしれませんね。

まとめ

日々のサイクルを積み重ねることが幸運を受け取るための準備です。受け取った後も、続けていくと幸運も続きます。

17

「運」をハイウェイに乗せてスピードアップ！

サイクルは、車のようにハイウェイを進むことでスムーズに

東京―大阪間を運送者がトラックで荷物を運ぶことをイメージしてください。

街中を走る「一般道」は、信号があればストップし、急な飛び出しがあるかもしれない場所では減速します。交差点ではどちらに曲がるのか迷い、時には間違った道に入り込んでしまう可能性もあります。長い距離を一般道で行ったら、本当に大変です。

一方、高速道路、つまりハイウェイを走れば、まず信号で止められることはありません。変な走り方をせず同じ速度を保てばガソリンは少なくて済みますし、早く到着します。そのため、運転疲れは一般道より少なくて済みますね。目的地までいくつかの分岐はありますが、それほど迷うことはなく一直線です。

車で走る道を人生に置き換えて言うならば、以下のようになります。

【分かれ道】進行方向を迷う、やることがわからなくなってしまう。

【曲がり道】フラフラと気が散り、条件の選択で勢いが落ちる。

【停止信号】失敗に対する恐怖で行動を止めてしまう。

つまり、自分の人生のサイクルの中でも、分かれ道、曲がり道、停止信号を、少なくしたほうがいいということです。

人生の「分かれ道」「曲がり道」「停止信号」とは

◉その① 分かれ道

私の場合でしたら「絵描き」「講演会をすること」「個人セッション」という3つの柱で活動していますので、3車線のハイウェイを持っているといえます。

そこへ「サトルさん音楽やったらいいんじゃない？」と言われたとします。

音楽もいいかもしれませんが、今の私のハイウェイの中に音楽はありません。仕事で使う音源は、ほかの人にお願いすればいい話です。音楽という分かれ道のほうへ進もうとは思わないのです。

このような分かれ道になんとなくフラフラと進んでしまうと、結局やることがわからなくなってしまい、**何もかもが中途半端な状態になる**危険性もあります。

◉その② 【曲がり道】

曲がり道はブレーキを踏んで勢いが落ちる状態です。どういうときにブレーキを踏むかというと、それは**「迷うとき」**です。

人生は選択の日々なんですね。「どうしよう、どうしよう」と、迷うことが多々あります。選択は集中力と時間を浪費しますので、できるだけ選択の回数は減らしたほうが良いと考えています。

例えば私の場合でしたら、服の色。私は服や下着は、ほぼ黒なんですよ(笑)。長袖のTシャツも半袖のTシャツも、パンツも靴下も全部黒です。だからタンスを開けると、すごい真っ黒！　とにかく全部黒です。

だから迷わないいんですよ。それが良いかどうかは人それぞれです。服の色を変えることで気分転換になるならば良いことです。でも、迷う時間や回数を減らしたい私にとっては最善の方法です。

余談ですが、私は講演会なども多いので、みなさんの前に立つステージ衣装として、上着はある程度種類豊富に持っています。

フェイスブックの創始者マーク・ザッカーバーグさんや、アップルの創始者のスティーブ・ジョブズさんも、服がいつも同じことで有名です。服に悩む時間は1秒でももったいない、そんな時間があれば、慈善事業を考えたい、と、世の中にはとてつもない方がいらっしゃいます。

そこまでの理想はないにしても、人生は選択の日々であり、選択は集中力と時間を浪費するということは覚えておきたいものです。

また、**条件で仕事をしていると、条件を目の前に並べて悩む時間が増えます。**

私の場合は講演会をやるときに「ご縁の順番でやる」と決めています。「うちの地域でやってください」といちばん最初に呼んでくれた主催者さんがいます。その方に継続の意思がある場合は、その方を軸にやります。

中には、「そこの倍の金額を払うから、うちとやってください」と言う方もいますが、私は条件で動きません。「ご縁の順番でやっています」とお伝えします。

自分の中で優先順位や、選択のパターンを決めておくと、オファーが来てもそんなに迷わないわけですね。

誘い文句に乗って自己ルールを曲げるのは、**ハイウェイから一般道に降りるのと同じ状態**です。「基本はこのルールや方針で進む」という自己ルールをあらかじめ決めておくと、曲がり道でフラフラしたり、ブレたりすることがないので、サイクルがスムーズです。

◉その③　停止信号

停止信号は、勢いが落ちるばかりか、失敗を恐れるなどして、止まってしまう状態です。これは第3章「運を修正する」で詳しくお伝えします。

ハイウェイは、1本だけでなくてもいいと思っています。

例えばお仕事であれば、本業ひとつだけでなくていいと思います。介護やマッサージの仕事をしながら、通販の仕事やほかの仕事をする、などです。どちらかの売り上げが少なくてももうひとつの道があります。副業をやるのが普通の時代ですから。

3車線ぐらいの柱を作って、自分の中でいかに分かれ道や曲がり道を少なくするかを考えておくと、いろいろなものがスムーズになります。

トラック運送には目的地があります。カーナビにセットし、迷いなくその場所に到達しようとしますよね。**目的なくフラフラとドライブしているトラックなどいません。**

人生も同じです。脇道に逸れて行き先を見失ったり、選択で迷って勢いが落ちたりするのを極力減らすことが、目的地に早くたどり着く方法です。

まとめ

選択のパターンを決めそれに集中することで、サイクルは加速します。

18

運のハイウェイで事故を起こさないために

「油断や過信」が事故を招く

ハイウェイを走る際、気をつけたいのは「事故」です。事故なく目的に到達するために、油断と過信は禁物です。

「このぐらい大丈夫だろう？」と油断して手を抜けば、目的地が遠のくばかりか、見失って行き先がわからなくなることもあるでしょう。また、「俺はすごいんだぞ！」と自分の腕を過信して無理な運転をすれば、周りが見えなくなってしまいます。

「道の精神」という言葉があります。

例えば柔道一段の人と、その上である二段の人が戦って、一段の人が二段の人を倒して勝った場合、「今やっとあなたに勝てるだけの実力になったんですね。それを知ることができました。ありがとうございます」と、勝っても「ありがとうございます」

という気持ちなんです。もし、負けたならば「やはりまだ私は二段の人には追いつかない。それがわかりました。ありがとうございます」なんですね。

「勝ってありがとう、負けてありがとう」これが道の精神と教えて頂いたことがあります。

「運び」「運ばれる」ためには「道」が必要です。人生にも「剣道」や「柔道」や「茶道」というような**「道の精神」**が根底に必要だと思っています。

ただでさえ、さまざまな選択に迷い、道を見失いがちです。ハイウエイを走っているからこそ事故を起こさないように、謙虚さと感謝も忘れずにいたいですね。

良いサイクルは止めない

謙虚な気持ちが大切、と書きましたが、謙虚と卑下《ひげ》は違います。

「すごいですね」「素敵ですね」などの褒め言葉を頂いたら、卑下をしない。否定しない。感謝で受け取るようにします。

多くの人は、ついつい「いえ、そんなことないです」と言ってしまうんですね。

「褒め言葉」も運ばれてきたものです。良いサイクルは止めないことが大事です。

例えば「斎灯さんその服素敵ですね」と誰かが褒めてくれたとします。「そんなことないです」と否定したら、相手は褒めてくれることを止めてしまいます。これを何回かやったら、もう褒めてくれなくなります。

褒めてもらうことは、ありがたいわけです。「斎灯さんその服素敵ですね」と褒められたら「そう言ってくれてありがとうございます。あなたは優しい人ですね」と、褒め返すようにします。

褒められたら褒め返すというサイクルも作っておくといいですね。褒め言葉の「倍返しだ！」みたいに（笑）。

少し余談ですが、男性と女性で否定されたときの反応も違うという話があります。「あなた素敵ですね」と男性が女性を褒めたとき、「いや、そんなことないです」と女性が否定したとします。男性はそれを言われた瞬間に「確かにそうかも」と思ってしまうんですね。

嫌でしょう？（笑）

「あなた素敵ですね」と言われたら「褒めてくれて嬉しいです。ありがとうございます。優しい人ですね」と、返せばいいですよね。

「褒め言葉」なども運ばれてきたものです。否定せず感謝で受け取りましょう。

物も心も「整理整頓」が大切

物も心も、週に1時間以上は、整理整頓の時間を作りましょう。ハイウェイで事故を起こさないためには、とにかく整理整頓がとても大切です。

整理整頓の時間がもったいないと感じる方もいるかもしれませんが、逆です。いろいろなものを整理整頓しておくと、スピードが速くなります。止まることがなくなるからです。

例えば、海外へ行くことが決まったら「パスポートどこだっけ？」と、多くの方はパスポートを探しはじめます。普段は使わないので、しまった場所がわからなくなるんですね。

普段使うものでも、置く場所を決めておかないと「鍵どこだっけ?」「あの書類どこだっけ?」と探す羽目になります。

人生はだいたい「あれ、どこだっけ?」で時間を浪費します。


整理と整頓は別物です。

整理とはいらないものは捨てること。

整頓とは決まった場所に片付けること。

いらないものは捨て、必要なものはすぐ取り出せるようにしておくと良いです。


心の整理整頓も、定期的におこなう必要があります。

別の撰択で迷ったら、本当にそれは必要なものなのかを立ち止まって考えることは、この先もサイクルを順調に続けていくために、無駄な時間ではありません。

週に1度、1時間は物と心を整理整頓、とあらかじめ予定しておきましょう。

良いときも悪いときも、いつも普通でいる

私自身がいつも思っていることがあります。それは「ずっと普通でいたい」ということです。

私がお世話になった、著作家、心学研究家の故・小林正観《せいかん》先生は、いろいろな心理学の本をたくさん書かれ、面白い話もたくさんあります。たくさんのことを学びましたが、いちばん学べたことは「ずっと普通」ということなんです。

機嫌が悪いときに怒る人でもないですし、機嫌が良いからといって有頂天になる人でもありませんでした。ずっと普通でニコニコし続けていました。

正観先生は、どんなことも経験と捉え、学びと成長のサイクルにしていました。例えば、お金で得したときも損したときも、一喜一憂せず「良い学びになりました」と。

そのため、そばにいる人には、ずっと普通に見えるのです。

もちろん、人間ですから落ち込むことも正直あったと思います。それをご自身の中で調整していたからこそ、周りには普通にしているように見えました。

私自身もずっと普通の斎灯サトルでいたいなと思っています。まだ画家として売れていない20代の頃から関わってくださっている人から、「斎灯さんは本当に変わらないよね」と言ってもらえると、とても嬉しいです。

私は、枚数でいうと日本でいちばん天井画を描いていますが、だからといって「日本一の天井画家になったんだぞ！」と威張ったり、偉そうにしても仕方がありません。うまくいったときこそ謙虚な気持ちになります。

仕事がうまくいかないときにも「やっぱり私はダメなんだ」と落ち込む必要もありません。

「良い学び」「良い経験」と捉え、「感謝」というエネルギーを改めて思い出します。落ち込んだときはなおさら「感謝」を思い出したいですね。

普通でいる方法として、落ち込んだときはちょっと無理してでもニコニコし、うまくいっているときはちょっと控えめにすると、傍から見るとずっと普通に見えるようです。

浮き沈みはたくさんありますが、これからも、ずっと普通で行きたいなと思います。

まとめ

謙虚さを忘れず、身も心も整理整頓してハイウェイを事故なく進みましょう。

質問コーナー②

「開運グッズ」について

サトルさんは開運グッズやラッキーアイテムをお持ちではないですか？パワーストーンやパワースポットに対するお考えも聞かせてください。

「これを持っていたら運が良くなる」という開運グッズは、やはり面白いですしワクワクします。ワクワクしながら生きていたら血流も良くなりますし、笑顔でニコニコになるので素晴らしいことです。「良いことがあるかも」と思っているほうが、良いことを受信するアンテナの感度が高くなります。そうすると、視野が広がって「良いこと」をキャッチしやすくなります。

開運グッズは私も結構好きなんです。ただ、グッズではなくても世の中にはたくさんのラッキーなものがあることを、斎灯サトル流でお答えします。

・ラッキーアイテム

私は世の中にはラッキーアイテムしかないと思っています。

例えば、私はいつもメガネをかけていますが、これラッキーアイテムなんです。これがないと世の中がぼんやりと見えてしまい大変です。でも、このメガネをかけると、ラッキーなことに景色がクリアに見えます。いいメガネを持っていると思っています。

あと、今着ている服もラッキーアイテムです。着ないと恥ずかしいですから（笑）。

講演中に使うマイクもラッキーアイテムです。マイクがないと、みなさんに声が届きません。

・ラッキーナンバー

私は車でよく出かけますが、駐車場で「何番にとめてください」と番号を指定されることがあります。

私は指定された番号に対して「ラッキー何番」と、いちいち言うようにしています。

例えば、「22番にとめてください」と言われたら、「今日はラッキー22番か」。「14番にとめてください」と言われたら「今日はラッキー14番か」と言います。また、ホテルが701号室だったら、「ラッキー701号室か」と、言うようにしています。

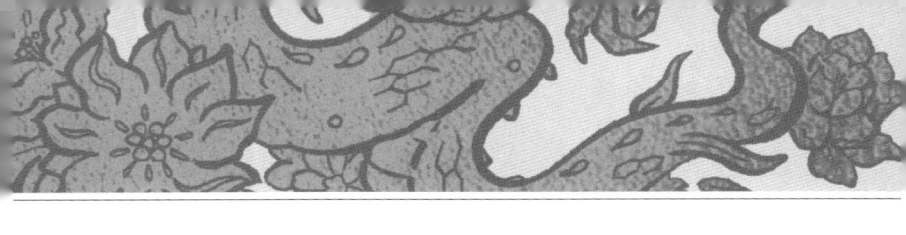

この世にある数字はすべて素晴らしく、ダメな数字なんてないと思っています。

・最強パワースポット

「パワースポット巡りはお好きですか？」と聞かれることがあります。「はい、私はパワースポット巡りが大好きなんです」と答えます。

そして「斎灯さんにとってパワースポットはどこですか？」と聞かれたら「地球です」と答えます。「私、ここじゃないと生きていけないですから。だから地球がパワースポットです」って（笑）。

さまざまな地域のパワースポット巡りも大好きです。気分転換になりますし、運動にもなります。ワクワクもします。みなさんにもおすすめします。

・最強パワーストーン

パワーストーンを扱う知り合いもいて、その人から買うこともありますが、絵を描

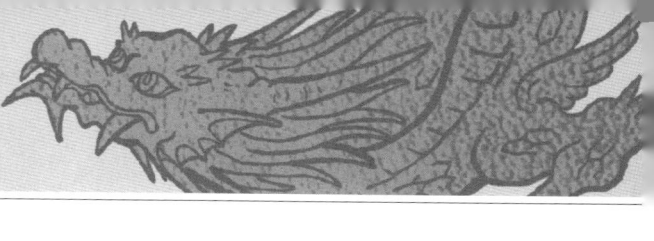

く際に当たってしまうので普段はつけていません。

でも私は、常にパワーストーンが身の回りにあります。それは地球という石の塊です。この地球というパワーストーンがなかったら、私生きていけませんから。

よく「パワーストーンを浄化してパワーを復活させる」といいますが、私はゴミ拾いをして地球というパワーストーンの浄化をしています。

・お墓参り

お寺に私の祖父母が眠るお墓はありますが、私は、人類すべてのご先祖様が眠っている場所は、この地球だと思っています。10万年前、100万年前、もっともっと昔のすべてのご先祖様がお眠りになるのがこの地球ですから。

そのため、ゴミ拾いをしてお墓の掃除をしているわけです。

私は、私の身の回りのすべてがパワーアイテムで、地球そのものがパワーストーンだと思っています。そう思うと、すべてのものに感謝したくなるのです。

第3章

運を修正する

19

フォームが乱れていませんか？

生き方の「フォーム」が乱れている

「運の乱れ」というものがあります。ちょっとしたきっかけで悪い方向に向かっている、だからいつも通りにおこなえない。悪い流れを修復できない……。

運のハイウェイを降り、停止信号でストップしてしまう状態です。

こういうときに意識すべきは「フォーム」です。

日々のサイクルを人生そのものと考えた場合、「運の乱れ」とは**「生き方のフォームが乱れている」**と言えます。もう少し意味を加えて言うならば**「あなたらしさのフォームが乱れている」**ということです。

この「フォーム」という考え方を、私はとても大事にしています。「姿勢」のことです。

乱れた際の対処方法を間違うと、もっとひどいことになります。

例えば、お正月の箱根駅伝では、有名な大学の人たちがチームを組んで、タスキをつないで走っています。走っている姿は中継で放送されますが、走るフォームを見ていて、あごが上がりはじめると、その人が疲れているということがわかります。放送中に実況の方も「ちょっとあごが上がり始めましたね」「手の振りが大きくなり始めましたね」という風にコメントをしています。つまり、疲れてくるとフォームが乱れるんです。

優秀な監督やコーチは、そういうとき「いつもより手が上がってるよ」「手の振りが大きくなってるよ」「あごが上がってるよ」というように、優しく一言アドバイスをしますが、下手なコーチは「お前何やってんだ！　気合入れろ！」と怒ってしまいます。すると怒られた人は「あれ？　普段どうやっているんだけ？」とパニックになり、もっとフォームが乱れてしまいます。

野球で例えてみましょう。知人の野球トレーナーから聞いた話です。

「見逃し三振」という言葉があります。バッターボックスに立ってバットを構えているのに、バットを振ることもなく、ついついボールを見逃してしまい三振をして、アウトになることです。

見逃すぐらいだったら1度ぐらい振れば当たる可能性もゼロではないです。そのため、見逃し三振でベンチに戻ると、ダメな監督は「なぜ振らないんだ！　とりあえずアウトでも何でもいいから思いっきり振ってこい！」と、怒ってしまいます。

怒られた選手は、次のバッターボックスに立つと、「とにかく振らなきゃ！」と焦りが出てしまいます。それを読み取った相手側のピッチャーが、ストライクゾーンからだいぶ外したボールを投げるわけなんですけれど、バッターは「もう見逃し三振だけはしたくない！」と思って、振ってしまうわけです。「空振り三振」です。

そうすると監督に「お前そんなボールを振ってんじゃないよ！」と言われてしまい、「振ってもダメか！」と思ってしまうんですね。

その結果、ど真ん中のストレートでも振らなくなってしまって、スランプはどんどん深くなっていってしまいます。**最初はフォームが乱れていただけなのに、何がしたいかがわからなくなってしまうんですね。**

優秀な監督は「いつもと同じフォームに戻しなさい」と一言うだけです。しっかり練習を重ねてきたのに、フォームがたまたま乱れていただけの選手の場合、その一言ですぐにいつものフォームに戻すことができるのです。

フォームを元に戻すために

「運のハイウェイ」を順調に走っているつもりでも、ちょっとしたきっかけでフォームが乱れ、スランプに陥ってしまい、止まってしまうことがあります。こういうときは、フォームが乱れたことに気づき、フォームを元に戻すことが大事です。

例えばファミリーレストランで接客のお仕事をしている方の場合です。お客様からのクレームが増えることや、手際よくできないこともあると思います。

そういうとき、ファミリーレストランの店長が優秀な場合は「ちょっと鏡見ようか？」程度のアドバイスですが、優秀でない店長に「君、もっと笑って！」と怒られてしまったら、どうやって笑っていいかわからなくなります。怒られながら頑張って笑ってみても、笑えるわけがありません。

良い監督がついて、フォームの乱れを逐一チェックしてくれる環境ならば良いですが、人生において、大人になってしまうともうほとんどの方の場合、監督はいません。自分が自分自身の「良い監督」になる必要があります。**立ち止まり、いつものフォームにどうやって戻すか？　を考えていきましょう。**

鏡を見ることはとても効果的です。鏡の中の自分を客観的に見つめ「ちょっと周りへの感謝が足りていなかったかな？」「もう一度、笑顔で接するように心がけよう」と、自分自身で確認するようにします。

大切なのは、自分のフォームの乱れにいち早く気づくこと、そして元に戻すことです。立ち止まって、いつもの自分を思い出すのです。

ダメな監督があなたを指導するよりは、自分で管理するほうがずっといいかもしれませんね。

まとめ

フォームの乱れに気づき、「いつも通り」を取り戻しましょう。

20

フォームの乱れにつながる主な「3乱」

どんなときに乱れやすいでしょうか?

どんなときにフォームが乱れてしまうでしょうか。フォームが乱れ、サイクルが止まってしまいやすい3つの状況について、考えていきます。

◉その① 前向きではなくなるとき

ひとつ目は、前向きではなくなったときです。過去のことをずっとグジグジ考えて、前の失敗を引きずってしまうときです。

1秒でも過ぎたことはもう過去であり、戻ることはできません。アインシュタインだろうが、ホーキング博士だろうが、ニュートンだろうが、どんなにすごい科学者でも1秒前には戻ることはできないのです。

つまり、過ぎたことはもう、学びにするしかないですね。

1秒前には絶対に戻ることができないですから、もう、前向きにいきましょう。

◉その② 気力・体力が落ちているとき

2つ目、気力や体力が落ちているときは、やはりフォームが乱れやすいです。体調の良し悪しは誰にでもあることですから、それはしょうがないです。

ただ、そういうときは乱れやすいということを知っておき、実際に乱れたときは、「あー、今、乱れてるよね」と、乱れたことを認めることが大事だと思います。

特に体力が落ちているときは、一度立ち止まり少し休養を取り入れるのも、この先のサイクルを続けていくために必要です。

◉その③ 人と比べてしまうとき

3つ目は、人と比べてしまうときです。これが一番乱れやすいです。

自分では良いサイクルを作っていると思っていても、人と比べたらまったくできていないと劣等感を感じたときに、「あの人はうまくいっているのに、私はうまくいっていない」と落ち込んでしまいます。

今まで怖いもの知らずで天真爛漫だった子供も、学校などで人と比べてしまった瞬間から、いきなり自信がなくなることもありますね。


人と比べて羨ましく思ったときにも、落ち込んでしまいますね。

今の時代、フェイスブックやインスタグラムなどのSNSで、楽しそうな海外旅行の様子や、グルメ情報を投稿している人がいます。ちょっと羨ましく思うでしょうか。

うまくいっている人を参考にして、その人を追いかけるときは良いですけど、ただなんとなく羨ましく思えてしまうときは、気持ちを切り替えてください。

今自分がご飯を食べてハッピーなら、それでいいじゃないですか？


もし人と比べたくなったときは、歴史上の人物と比べたらいいと思います。

例えば「肉じゃが」。そもそも肉じゃがを発明した人は、明治時代の日本の軍人で、当時の日本を世界に通用する国に成長させたリーダー、東郷平八郎《とうごうへいはちろう》さんです。

世界が認める東郷平八郎さん。イギリス・フランス・トルコあたりでは、とても有名です。その方が、肉じゃがを自分のお手伝いさんたちに作らせてよく食べていたらしいです。日本を代表するすごい人の東郷平八郎さんが好んで食べていた「明治時代の貴族の食べ物」が、肉じゃがなんですよ。

だから私たちは肉じゃがを食べたときに、「友達が高級なものを食べて、フェイスブックやインスタグラムで投稿しているというのに、私は肉じゃがか……」と落ち込む必要はありません。**「東郷平八郎さんと同じものを食べているんだ。ありがたいなと思って食べていけばいいですね。**

第1章でもお話ししましたが、比べるということは相対的な評価です。目の前の牛丼や肉じゃがが美味しければ、それでいいのです。

まとめ

過去のことで気持ちを乱されたり、誰かと比べて落ち込んでしまうと、フォームは乱れやすくなります。

21

気をつけるべき「過剰運」

夢中になることは良いことですが…

夢中になって取り組めることがあるのは幸せなことです。
でも、夢中になりすぎて過剰になってしまうのには、気をつける必要があります。
過剰になりサイクルが乱れることを「オーバーサイクル」と名付けています。

私は自分の仕事が、大好きなんですね。好きで好きでしょうがない。楽しくてしょうがないのですが、そうするとオーバーサイクルになってしまいます。簡単に言うと、仕事を受けすぎて休みがなくなります（笑）。
寝る時間がなくなり、大変な目にあってしまいます。10日連続で働くことを「10連勤」と言いますが、私は、年に2日だけ休んで、２００連勤など、病名がついてもいいぐらいのオーバーサイクルを、もう20年以上繰り返しています。

オーバーサイクルは、自分自身で気づきにくいという特徴があります。大好きなことに夢中になっているわけですから、体力が続く限り頑張ってしまいます。でもそのために体を壊してしまったら、**これまで続けてきたことを一度ストップせざるを得なくなってしまい、最悪もうそれ以上続けられなくなる可能性だってあります。**

例えばマッサージの仕事をしている人は、人のエネルギーに触れますから、自分のケアも必要なようです。自分自身のケアができていないと仕事もうまくいきません。休憩も仕事のうちです。どんな仕事であれ、自分自身のケアもサイクルに取り入れ、オーバーサイクルにならないように気をつけましょう。

自分自身への自戒も込めて、オーバーサイクルには気をつけたいですね。

人間関係においても、楽しいからといって、いろいろなお誘いを全部受けていたら、自分の時間がまったくなくなってしまいます。「ちょっと飲みに来ない？」「遊びに行くけど一緒に行かない？」「会合があるけど来てくれない？」と、誘われたものすべてに参加していたら、自分の時間がゼロになってしまいます。楽しいお誘いであっても、すべて受けていると、ほかのことがおろそかになりがちです。

ときには、魅力的なお誘いに関しても、感謝を持ってお断りすることも大切です。

余力を残しすぎず、ちょうど良いところを楽しむ

余力を残しすぎても人生がつまらない、という気持ちもわかります。より人生を良くするために限界を目指しつつも、限界を知ることも大事だと思います。

「ブラックジャック」というトランプのゲームがあります。地域によって「ポントゥーン」や「21」とも言われていて、少しの違いはありますがルールは大体同じです。

手持ちのトランプの数字を足した合計数がちょうど21になることを狙い、ゲーム参加者が順番に必要な枚数を引いていきます。

例えば、1枚目に引いたカードは7でした。2枚目に引いたカードは9でした。

7＋9＝16です。3枚目のカードで5を引いたら21ちょうどで有利になりますが、6以上を引いたら21を超えてしまいゲームオーバーです。

でももし、３枚目に引いたカードが３だったら、16＋３＝19。21になるまであと３足りないわけですが、４枚目を引くと21を超えてしまうかもしれません。もう次のカードは引かないほうがいいかな？　と21を超えない数字に近づける勝負をします。

できる限りギリギリ21を狙いながら、でも超えてはいけないというゲームです。

人生もこのような感じで、いろいろなことをやりたいけれど、やりすぎてしまうと大変です。**ノロノロだと退屈、忙しいと窮屈《きゅうくつ》と、無いものねだりをしてしまいがち**です。ちょうど良いところを楽しめるといいと思います。

まとめ

余力がありすぎてもつまらないですが、超過するとゲームオーバーです。ちょうど良いところを楽しみたいですね。

22

運を修正する3つの方法

乱れた運は修正可能です

フォームの乱れに気づき、もう一度「運のハイウェイ」に戻すための3つの具体的な方法を解説します。

◉その① きめ細やかに「省《かえり》みる」

反省の「省」という字は、「少ない目」と書きます。この「少ない」というのは、元々はきめ細やかという意味で、きめ細やかに見直すということが「省みる」です。

余談ですが、「少」が含まれる文字には「妙」があります。これは「女性のきめ細やかな」という意味です。以前、妙子さんという名前の女性が自虐ネタで「名前からして女性らしさが少ないんです」とおっしゃっていましたが、そんな意味ではありません。あなたの周りに「妙子さん」がいたら教えてあげてくださいね（笑）。

ところで、神社にお参りに行くとき、あなたはどんな表情で行きますか？

神社の本殿には昔から鏡があり、お参りに来た方の顔が映ります。悩んだ顔や不機嫌な顔でお参りに行ったら、その表情が鏡に映ることになります。

もし、この鏡に神様がいるとしたら、自分が不機嫌なときは神様の鏡を見たくありません。なぜならば不機嫌な神様が見えるからです。神様も不機嫌な顔をしてこちらを見ていることになります。

自分が不機嫌な顔をしてもニコっと笑った顔が出てきたら、怖いですよね？（笑）

どんなに素晴らしい神社の鏡でも、自分が不機嫌な顔をしていたら、笑顔の鏡にはならないということなのです。

神社はすごいなあと思いますね。鏡を置くことで、省みることの大切さを教えてくれています。笑顔で行けば、鏡の中の神様もにっこり笑ってくれます。自分自身がどんな顔をしているのか省みる場を与えてくれているのですね。

神社でも鏡があるように、とにかく自分を省みることです。きめ細やかに省みる時間を、生活の中に取り入れてみてください。

◉その② すべてを学びとして考え「改善する」

不思議な話なのですが、誰かがうっかりミスして、それに対して偉そうに注意すると、1ヶ月以内に自分が同じようなミスをしてしまう、ということが時々あります。

自分のほうができていなかったという「オチ」が待っているのです。

よく考えてみたら、自分もミスが多いわけなんですよね。人に対して何か言ったことを恥ずかしく感じてしまうことがあります。

そもそも最近、私は怒るようなことはなくなりました。自分だって同じようなミスをする可能性があるわけですから。だからちゃんと省みます。

私も未熟者。みんなも未熟者。

未熟者同士ですから、怒ったり苛立ったり、人を非難するようなことはせず、ただ改善を繰り返していくだけです。

改善のためには、指さし確認が大事だと思います。

我が社には、玄関などいろいろなところに「ワンモア（one more）チェック」のシールが貼ってあります。**これは「もう1回確認しよう」ということです。**

例えば、買い物に行こうと町まで出かけたはいいものの、財布を忘れて愉快な状態で帰ったりすることがあるわけですね。「サザエさん」の歌詞を若干引用したんですけど（笑）。でも実際、そういうことがあるんです。だから、玄関のところに「ワンモアチェック」シールを貼っておき、もう1回見直すことを習慣にしています。

気軽に取りに帰れる場合はまだマシで、それができない場合もあります。

私は出張が多く、地元を離れていろいろなホテルに泊まります。ホテルに忘れ物をすると本当に大変です。時間の制約があり戻ることはできませんから、郵送してもらうしかないですね。

でも郵送ができないものだと困ります。例えばスマホを忘れてしまうと、そもそも電話すらかけられず、ネットがないから調べることもできないということです。

そういった苦い経験から、とにかくホテルの部屋から出るときに、30秒を自分にプレゼントすることに決めました。「部屋から出るときは30秒チェックをする」ということを決めて繰り返したら、確実に忘れ物が減りました。

ちなみに「ワンモアチェック」のシール、私の旅行バッグにも貼ってあります。

見直す、省みる。それでも修正できないときは、もう、すべてを学びとして考えるといいですね。「1秒でも過ぎ去った過去は変えられない、過去は良い学びをしたと捉える」を覚えておくといいと思います。

例えば新型コロナウイルス、昔ならリーマンショック、または東日本大震災などいろいろなことが起きました。どれも個人のレベルではどうしようもない出来事です。規模が大きければ大きいほど大変なことになりますが、そこに対しても「良い学び」として改善できることは改善する気持ちでいたいですね。

学びとしたことはメモをしておくといいと思います。

◆その③ ありのままの自分を「認めて褒める」

３つ目の修運方法は「人と比べず、自分を愛する」。つまり、ありのままの自分を認めて褒める、ということです。

私たちは驚くほど人と比べてしまうんですね。人間ってみんなそうなんです。

誰もが本当に細かいところもすべて人と比べてしまっています。そして比べては落ち込んだり、自惚《うぬぼ》れたり……。

「私は私でいいんだ」と、ちゃんと自分を認めていくこと、自分を愛することが大事だと思います。

まとめ

人と比べず、自分を認め、失敗も良い学びとしていくことがポイントです。

23

運は修正を繰り返した分成長する

失敗を恐れない

フォームの乱れに気づき、そして修正することで、サイクルは強く成長していきます。乱れているところに気づいて修正する、気づいて修正する、それを繰り返していくことによって、ちょっとブレてもすぐ戻せるようになり、柔軟性が生まれます。

フォームのブレや、サイクルの停滞を気にしすぎる必要はありません。どれだけ修正する回数を増やせるかが大事です。

学校のテストで低い点を取るのは嫌ですよね。しかしテストは人と比べるためのものではありません。修正する箇所を知るためのものです。

小学生から机に座った勉強が始まりますが、小中高の中で1度もテストを受けずに大学受験なんてできないんですよ。

理由としては、テストというストレスに耐えられないからです。自分の力を試され、ときにはバツをつけられるということはストレスがかかります。たとえ勉強ができたとしても、**1度も失敗と修復を経験しない状態では、受験のストレスに耐えられない**わけです。

完璧主義になる必要はありません。何年かかけて調整していくくらいでいいのです。細かい失敗、細かい修復をたくさんすることによって人生は良くなります。

驚いたことがありまして、文章を書くプロの作家も、素人も、誤字脱字の量はそんなに変わらないそうです。私たちみんな、ミスをする確率は同じなんですね。それなのに、なぜプロの人たちはそれが明るみに出ないかというと、チェックするからです。

例えばSNSに何か自分の考えを載せるとき、私は書き上がったらそのままポンと投稿します。すると誰かが「斎灯さんここに誤字がありますよ」「ここ違います」と、注意してくださるわけです。間違いを教えてくれるんですね。

私の場合、文章に関してはプロではないので、教えてもらったときに直せばいいや、と思っているわけです。結構皆さんに頼ってしまっているんですね（笑）。
つまり、プロも素人もミスする回数は同じですが、ミスが公《おおやけ》に出るか出ないかは、チェックする回数ということなんですね。ミスを減らすために、確認と修正のサイクルを身につけたいですね。

修正するタイミングとポイント

毎日忙しく、ついついチェックのタイミングを逃してしまい、フォームの乱れに気づかず過ごしてしまうこともよくあります。そのため、自分でチェックするためのスケジュールをたてておくことが必要です。**おすすめのタイミングは「節目の日」です。**

年末の大晦日、年の初めなど、1年の区切りになる日は大きな節目です。「よし今年はこういうことにチャレンジしよう」「今年はここを改めよう」と修正することができます。だから節目は大事なんですよね。

ほかにも、誕生日や会社の創業記念日なども節目になります。「来年の誕生日までにこれができるようになろう」「次の決算日までに、今期できなかったことを修正しておこう」など、節目があることによって修復がしやすくなります。

もっと小刻みな修復をしたい場合や、心のケアをしたい場合は、新月と満月の日もおすすめです。感謝の気持ちや笑顔など、もう一度見直してみるのも良いと思います。

寝る前もいいですね。「今日も1日ありがとう」と感謝をして寝ると、これも1日の終わりという節目になります。


意味づけは自分でしながら、いろいろなタイミングで節目を作ると修運しやすいです。その修運が、心を成長させ、命を輝かせ、良い運命を形成していきます。

すべてを良い学びと考える

私がお世話になった、著作家、心学研究家の故・小林正観先生が、仕事で1000万円得したときに「こういうことをすると、こうなるんですね。良い勉強になりました。感謝です」とおっしゃいました。

逆に1000万円損したこともありました。そんなときには「こういうことをすると、こうなるんですね。良い勉強になりました」とおっしゃいました。一喜一憂しないんですね。

ご自身が体験することで、ほかで同じような苦しみを持っている人に教えてあげることもできる、とすべてを良い学びのサイクルに変換していました。

何か悪いことがあった場合は、一時的に都合が悪いことがあったと考え、それがまた良くなった場合は、一時的に良いことがあったと考える。それが人生の結果でもなければ結論でもありません。人間万事塞翁が馬です。

また、仕事で失敗が続いているならば、「これは仕事での失敗を学ぶサイクルの中にいるんだ」と認識したり、人間関係でちょっとつらいことがあったら、「今は、人間関係を学ぶサイクルの中にいるんだ」と認識すると良いですね。一喜一憂する必要はなく、「自分が今どんなサイクルの中にいるのか？」と考えるきっかけになります。周りに恵まれ過ぎてしまうとわからないときもありますからね。

私も、仕事でつらい時期が7〜8年続いたことがありましたが、そのときのつらさを味わったことで、その後の人生に対して勉強になりました。

あのつらいときは、「良い学びのサイクルをしている」と自分に言い聞かせました。「今の現状がつらいという一時的な結果」を見るのではなく、「今人間関係を学ぶサイクルなんだ」というように、見ていました。

トラブルがあったときは、「こういうことをすると、こうなるんだな。良い勉強になりました」とメモに残すといいですね。それがすべて財産になります。自分の今後にも活かせますし、悩んでいる方にアイディアをプレゼントすることもできます。

運というものを「運び運ばれるサイクル」と考え、失敗やつらいことがあったときには「これ（運ばれてきたもの）はどういう学びか」「それをどのように今後役立てるか（運んでいくか）」を考えていただけたらと思います。

まとめ

失敗を恐れないでください。
修復した回数だけ、あなたのサイクルは強くなります。

質問コーナー③

「つらい時期の過ごし方」について

明日から入院し手術を受けます。
運を落とさないための入院中の考え方を教えてください。

入院中は、自分の免疫力を高めていきたいですね。

免疫を高めるためには、「気持ち」は重要だと私は思っております。

深く呼吸をすると、酸素が全身に回ります。細胞内でエネルギーを生産する「ミトコンドリア」が活発になるので、呼吸を深くするように心がけるといいですね。シンプルに、ゆっくり深く呼吸すると、気持ちも落ち着いていきます。

入院中のひとつの特徴としては、暇というのもあります。

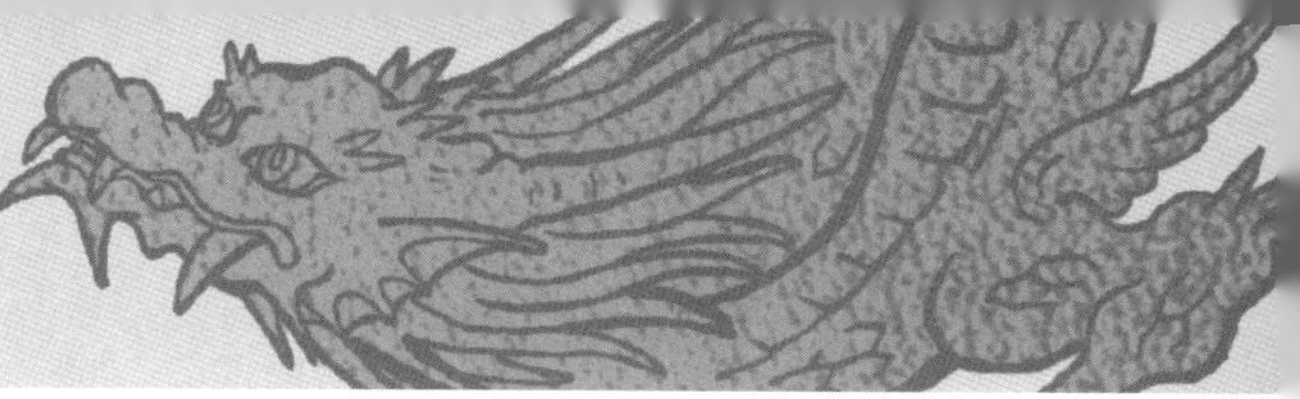

どうしても手を動かすことができないとか、ずっと上だけしか向けないような状況だと、時間がとても長く感じますよね。そういうときは**体中のすべてに「ありがとう」と言っているほうが前向きです。**つらいことにも立ち向かってきた自分に対して「ありがとう。ありがとう」と、自分を大切にする言葉をかけてあげるといいと思います。

そして時間があると、つい過去のさまざまなことが頭の中に蘇ってきます。楽しい思い出ばかりでなく、ときには嫌なこと、普段はできるだけ見ないようにしていたものがなぜか脳裏に浮かんで、さらに眠れなくなったりします。自分がしてしまった失敗などが頭に浮かんで、眠れなくなることもあるかもしれません。

私は若い頃、自分のことを好きになれない、嫌な時期がありました。

25歳のあるとき、それまで関わったすべての人の名前と顔を、思い出せるだけすべて思い出して、ひとりひとりに「ごめんなさい」「ありがとうございます」と2日間ぐらいかけて言ったことがありました。

謝罪と感謝の時間を設けたこの2日間は、今思えば良い時間だったなと思います。

私にとって人生のサイクル、心のサイクルが変わった実感がありました。
あれをやり切って25歳から再スタートした気持ちでした。

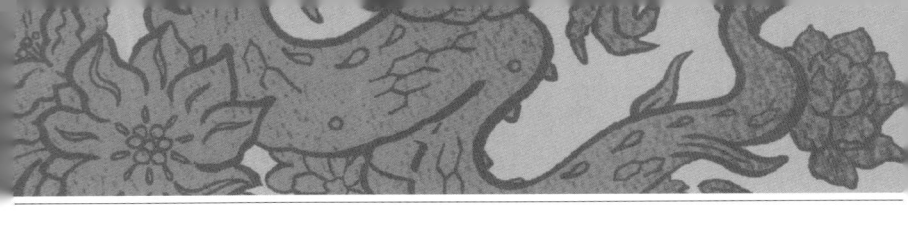

「ごめんなさい」だけでなく「ありがとう」と言うことが大切です。過去はすべて学びにするしかありませんから、**苦い過去には「ありがとう」と言って、前を向くエネルギーに変えていきましょう。**
そうするとハッピーなサイクルになり、やはり免疫力も高くなると考えております。

体の具合が悪くなると、将来の不安などいろいろ押し寄せて来ます。
不安になるのは人間の本能だから仕方がないのです。体が弱ったときには脳が不安なことを考える仕組みになっているんですね。でもだからといってそこで免疫力を落とす必要はないです。

「今生きていることはありがたいな」
「治ったらこれやってみたい、あれやってみたい」

「あの店のご飯食べに行きたいな」

と考えるだけでも前向きなエネルギーになります。

そういう、**楽しい夢を思い描くハッピーな脳内サイクルを作ると、生きる力、活力が高まります。**


気持ちや意識が「生きよう」と思ったときに、体もそれに応じて「生きよう」という風に良い方向に向かうこともかなり多いですね。

参考にしていただけたらと思います。

手術や入院は大変だと思いますけど、大丈夫ですから！「大丈夫！」です。

―第4章―

運をコントロールする

「運命」の作り方

運の中で生きるから「運命」

「運命」という言葉があります。

運命で決められた出会いによって道端でばったり憧れの人と出会ったり、運命の力によって事故を起こしたり、起こさなかったり。

そういった偶然や確率によって引き起こされたものを「運命」と片付ける前に、もう一度サイクルの視点から見てみましょう。

種をまいたから芽が出るように、結果には原因がある、という「因果応報」の考え方が仏教にはあります。良いことが起こったならば、普段のあなたの良いサイクルが生み出した結果であり、悪いことが起こればサイクルが乱れていると考えられます。

良いサイクルを作り、育て、乱れたときには修復と改善を繰り返してさらに育てていくこと自体が、あなたの運命を生きることです。

運命は、自分のおこないによって作り上げていくものだと思います。自分のおこない、つまりサイクルです。

「マザー・テレサ」の名言を思い返しましょう

思考に気をつけなさい、それはいつか言葉になるから。
言葉に気をつけなさい、それはいつか行動になるから。
行動に気をつけなさい、それはいつか習慣になるから。
習慣に気をつけなさい、それはいつか性格になるから。
性格に気をつけなさい、それはいつか運命になるから。

この名言は、宗教の枠を超えて貧しい人々の救済のために尽くした、マザー・テレサによって、世界に広まったもので、元々はインドにあったことわざです。

思考というサイクルに気をつけると言葉というサイクルになり、言葉というサイクルに気をつけると行動というサイクルになり、行動というサイクルに気をつけると習慣になる。

習慣にすることでその人の性格が形成され、その人の性格によって、どういうサイクルの人生を生きるか、すなわちどのような「運命」を生きるかが決まります。

日々の小さなサイクルである「思考」「言葉」「行動」を意識することによって、結果的に「人生＝運命」という大きなサイクルに影響を与える、そもそもすべてがサイクルであると言っています。逆にいうと、あなたの人生を変えたいと思うなら、まず**「思考」という小さなサイクルを見直せばいい**ということになります。

運は偶然誰かが運んでくれるものと考えていた方が多いと思います。運命に対しても同じで、あらかじめ決められていて、変えることができないイメージを持たれている方が多いのではないでしょうか。

運とは「自分がどんなサイクルを作るか？」です。

運命とは「どんなサイクルの人生にするか」です。

つまり、どのような「思考」「言葉」「行動」で毎日を過ごし、どのような「運命」を生きていくか、自分で決められるのです。

まとめ

「運命」とは、「どんなサイクルの人生にするか」自分で決めることです。

25

運命は「三年運」「百年運」で考える

「そのサイクルを3年続けたらどうなるか」を考える

私は何かを始めるときはいつも「このサイクルを3年続けたらどうなるかな？」と考えます。

私はゴミ拾いをサイクルとして続けていますが、ゴミを落とす人に対して怒らないようにしています。

環境問題に関心があり、熱心に取り組んでいた学生の頃は、ゴミを捨てる人がいると「なんでゴミなんか捨てるんだよ！」と怒りの感情が湧いてきました。タバコをポイっと捨てる人がいたら、「それが雨に流されてイルカが食べちゃうかもしれない。そうするとイルカが死んじゃうじゃない！」と悲しく思うこともありました。

海洋生物が死んでしまったら、魚が取れなくなって、私たちが食べる魚も少なくなってしまうわけですよね。

だから、タバコをポイっと捨てる人に対して、以前は苛立ちというサイクルがありました。そういうときは、人相が悪くなっていました。

最近は、ゴミを捨てる人がいても、誰かが捨てるのを見たら、私が2個拾えばいいと思うことにしています。**「ひとりが捨てる、斎灯が2個拾う。ということは地球からゴミが1個減る」**という形です。これもアルゴリズム、つまり方程式なんです。

それを3年続けたらどうなるか、ということですね。その人が1個捨てても、私がゴミを2個拾うので、**3年後には地球上からゴミがたくさん減る**わけです。ケンカもしないですし、私の気持ちも晴れやかになります。

ゴミを捨てる人がいて嫌な感情を3年間持っていたら、私の人相が悪くなるだけで、地球からゴミも減らない、ということです。

三年運で自分を省みる

今あなたが続けているサイクルはありますか？ これから始めたいこと、続けたいと思っていることについては、「それを3年続けたらどうなるか？」を意識すると良いですね。いくつか具体例をみてみましょう。

◉健康運

スポーツジムに通い始めたとします。最初は頑張って毎日通い詰めたとしても、3日坊主で終わってしまってはサイクルは作られないままです。

軽い有酸素運動でも、3年続けたら健康状態にも変化が生まれているはずです。疲れにくくなっていたり、健康診断の数値が良くなっていたり、良い健康運のサイクルが作られます。

健康になりたい、ダイエットをしたいと思ったら、まずは**3年続けたらどうなるかな？　と考えてから何かを始めてみる**と良いと思います。3年続けるためには、どんなペースで取り組めばいいのか、答えが出てくるのではないでしょうか。

逆に、不摂生を3年続けたら体を壊しますね。毎晩夜更かししたり、健康に悪いものを食べ続けたり、不摂生のほうがずるずると続けてしまうものですが、良くないサイクルを作ってしまっていることに気づき、修運すればよいのです。

◉金運（仕事運）

今の自分の仕事をこのまま続けていっても、良い人生になるのかわからない。そういう悩みも3年で考えてみましょう。「この仕事を3年続けたらどうなるか」です。その中に自分自身の望むスキルアップや能力アップがあれば、それは「喜び」になります。誰かが笑顔になってくれることも、喜びのひとつです。さらに、より多くの人を笑顔にするというスキルも身につくことになります。

「毎日つらいけれど、お金のために仕方なく」というモチベーションだと、続けていくのは困難です。仕事に対する「喜び」というものは、お金を得るだけではなく、成長する喜びを得ることも含まれるのではないでしょうか。

成長を喜びにつなげられると、仕事が楽しくなります。「喜びのサイクル」の中で仕事ができれば3年楽しく続けていくことができますし、その気持ちで3年やったら、お金もついでに入ってきます。「労働の喜び」のサイクルを作れば、お金には苦しまなくなるということです。

だから仕事を楽しむ、楽しくおこなうというのは結構重要です。

もちろんすべてがすべて、都合がいいことばかりではないと思います。

仕事そのものをどうしても楽しめない、でも辞めるわけにもいかない場合、お給料をもらって自分の楽しい学びをするのもいいですね。「つらい」という感情を持ち続けて人相が悪くなるよりも、得られる喜びのほうに目を向けて、笑顔で過ごすほうがずっといいです。

出費に関しては、自分の収入に対して過剰に使いすぎていたら、3年後は困ります。

もし気づかないうちに使い過ぎているかもと思ったら、1年前から現在までどのくらい出費しているのか、1年間の出費額を把握することが大切です。

把握できれば、3年後にマイナスになるのかプラスになるのかもわかります。

◉人運

「感謝」「喜び」「楽しさ」「学ぶ心」で関われば、良い仲間が増えていきます。

そうは言っても、もちろん都合が良い人たちばかりが周りにいるわけではないですから、どうしても気が合わない人、考え方が合わない人もいます。

気が合わないからといって、ケンカをする必要はありません。

もし、気が合わない相手とケンカや言い争いをし、相手の悪口を言うことを3年間続けたとしたら、**周りからもだんだん信用を失ってしまい、嫌われる人間関係が拡大していくだけ**です。

自分自身も嫌な気持ちを3年間も持ち続けなくてはならないですし、そちらに視点を向け続けていたら、感謝や喜びの人間関係を見逃してしまいます。

気が合わない人に対しては、「こういう人もいるんだな」「文化が違う人なんだな」と思うだけです。

例えば、ゴミをポイっと捨てる人に腹を立てても仕方がないので、「ゴミは捨てちゃダメ、という教育を受けてないんだな」と思うようにしています。

余談ですが、私はバナナの皮を捨てる人に対しては腹が立たないんです。プラスチックは土に戻るまで数１００年かかりますが、バナナの皮は、ほぼ7日以内にバクテリアに分解されて土に戻るそうです。地球に戻るスピードが速いから、ほかのゴミよりはずっとましです。もちろん私は捨てませんけどね。漫画みたいにバナナの皮を踏んで滑るのは嫌ですけどね（笑）。

人間関係も人運も、「感謝する心」「喜ぶ心」を持ち、「どうやって笑顔で接する間柄にするか」「どうやって学びにするか」ということを考えながら接するほうが、人間関係を良くしていくことにつながると思います。

まとめ

何かを始めるときや、このまま続けるか迷うときは、「3年続けるとどうなるか」を考えてみましょう。

26

１００年後を考えてサイクルを作る

「１００年続いても良いのか？」も考えてみる

お伝えした通り、まずは「３年これを続けたらどうかな？」という「三年運」で考えましょう。例えば、仕事で赤字を３年連続で出してしまったら、さすがにそれは見直しが必要です。自己投資を頑張って続けていても、３年でまったく日の目を見ないなと思ったら、あなたに合っていないのかもしれません。

さらに大きく見て、「これを１００年続けて大丈夫かな？」と考えてみます。

インドの偉人、マハトマ・ガンジーさんの言葉を引用します。

「明日死ぬつもりで生きなさい。１００年生きるつもりで学びなさい」

今日という１日１日を大切に生き、１００年人生が続くことを想定し、１００年後の自分のために学びなさいと説いています。

人を羨ましいなと思う気持ちは誰にでもあります。「あの人いいなあ」「なんであの人ばっかり」と、うまくいっている人を見て嫉妬してしまうわけです。

でも、**人に嫉妬するだけのサイクルを100年続けても、100年後の自分の人相が悪くなるだけです。何の進歩もないし、無駄な人生になります。**

比べる相手は他人ではありません。「昨日の自分」です。昨日の自分を1歩超えるサイクルなら、100年後には素晴らしい「運命」になります。

「人相」にはその人の積み重ねが現れる

地層の「層」は、「積み重なっているもの。重なり」という意味です。

人相の「相」は「内面や外から見た形や姿」の意味ですが、地層の「層」と同じ音です。

人相も「人層」、つまり**「日々の積み重ねで人の外見はできている」**と考えてみましょう。

「今日頑張って笑いました！」と言って、それでいきなり良い人相になれるかと言ったら、そんなことはないです。日々訓練です。

テレビを見ると、綺麗な芸能人の方が映っています。番組の司会者などに「いつも自然な笑顔ですね」と言われていますが、鵜呑みにしないでくださいね。

もともと素材の良い芸能人が、毎日毎日訓練しているんです。

割り箸を口に挟んで笑顔の練習を日々頑張った結果なのです。

もともとすじが良い人が訓練を重ね続けた笑顔が、芸能人の「自然な笑顔」です。

人に嫉妬していても人相が悪くなるだけです。

人相の層は、地層の層のように、良くも悪くも積み重ねられてしまいます。

今からでも遅くないです。**1年後、10年後、100年後、どういう自分の顔になりたいかを意識して、笑顔でいる練習をしてみる**といいと思います。

例えば、シャワーを浴びる時間などひとりの時間に、鏡に向かって笑顔の練習をしてみてはいかがでしょうか。

シャワーが自分の体にちょうどいい温度であたり、自分の汚れを清めてくれているわけです。「ありがたいな」という気持ちになり、自然に顔がほころんできませんか？

そういう笑顔になると良いかなと思います。

学びのサイクルが未来を変える

「魚を与えるのではなく、魚の釣り方を教えよ」という格言があります。

お腹を空かせた人に魚をあげると1日でなくなってしまいます。でも、魚の釣り方を教えてあげれば一生食べていける、という意味です。

身近な例で言うと「お金がないんです」という人には、お金をあげるのではなく、仕事をあげたほうがいいという話です。


同じように、「米百俵」という言葉があります。

新潟県の長岡という地域の話ですが、幕末の戦火に焼かれてお金がまったくなくなってしまいましたが、みかねたほかの藩から米百俵をもらうことができました。

長岡藩の侍たちは「米百俵あればとりあえず2〜3年は食べていける」と思ったんですが、小林虎三郎という藩のお役人さんは、この米百俵を売って学校を作りました。

海外からいろいろな人を招いて、農業や科学の勉強、論語や道徳などの授業をおこない、**人を育てることにお金を使ったのです。その結果、長岡の地域はものすごく発展しました。**

小林虎三郎さんの言葉として、以下が残っています。

「百俵の米も食えばたちまちなくなるが、教育にあてれば明日の一万、百万俵となる」

お腹が空いているときにお米が目の前にあったら、普通は食べたいですよね。でもちょっと食べるのを我慢して、未来のために投資する、少しでも勉強するほうに使っていくという学びの心が「米百俵の精神」なのです。

「学ぶ」ということには、未来を変える力があります。

知らなかったことを知る、できなかったことができるようになる、考えが深まる、別の見方ができるようになる、何かに気づく、そういった少しの進歩も学びです。学びによって、自分の100年後を変えることができるわけです。

誰かに与えられた運命をあてにするような考え方で生きるより、自分で未来を作って、より良い運命にしていきましょう。

「100年後、自分はどんな運命を生きたいか」を先に考えると、「そのためにどうしたらいいか？」「どういうサイクルを作ったほうがいいのか？」と日々のおこないや、学びが見えてきますね。

いろいろな学びが百年運を高めることになるわけです。

まとめ

100年先を良くするために「学び」のサイクルを持とう。

この先の運をより良くするために

27

モグラたたきをせず、根本改善を考える

目先のことだけでなく、長いスパンで物事を考えるメリットについて、もう少し身近な例でご説明しましょう。

「モグラたたき」というゲームがあります。モグラの人形が出てきたら、それをポコポコたたくゲームです。

仕事でも何でも、出てきた問題だけを見てポコポコたたくよりも、「どうやったら根本改善できるか？」ということを考えると良いです。

例えばあなたが社長だとします。社員さんがミスをしたときに社長が怒ると、社員さんのやる気がなくなってしまいま

す。やる気がなくなると、さらにミスが増えるサイクルがはじまります。

ミスが増えるとさらにポコポコたたかなくてはならなくなり、とても非効率になってしまいます。なので、ミスをポコポコたたく前に、**「なぜこのミスが生じてしまうのか？」という根本を考え、改善策を考えたほうがいい**です。

「どういうサイクルにしたら同じミスが起きにくいか？」を考えるといいですね。

よくある質問には、何度も対応するより説明書を作る

例えばあなたが、物を制作し販売する会社に勤めているとします。

お客様からクレームがあった場合、そのつどクレームにひとつひとつ対応するのは根本改善にはなっていません。もちろんクレームに対応するのは大事ですが、「なぜクレームが来る仕組みになっているのか？」と考えてみることが重要です。

例えば電化製品の取扱説明書などに「よくある質問」というのがありますよね。「問い合わせをする前にこちらを見てください」と書いてあります。

トラブルに答える形式になっているのですが、最初に書いてあるトラブルの内容が

「動きません」というもので、それに対する答えはだいたい「電源は入っていますか？」ですね。電源を押したら解決した、というのがよくあるパターンです（笑）。ほかにも、「ここのプラグが間違っていませんか？」「ランプは点滅していますか？青に光っていますか？　赤に光っていますか？」のような形で、動かない場合のさまざまな対処法が書かれています。

つまり、よくある質問コーナーを作っておくと、オペレーターという人材をそこに配置しなくてすむわけですね。人材ひとりにはとてもお金がかかりますから、**よくある質問のコーナーを作ることによってモグラたたきをしなくてすみます。**

よくある質問には、何度も対応するより、説明書を作ることをおすすめします。

張り紙の効果

みなさんにネタとしてお話しさせていただきますが、これは我が社の話です。

以前、２週間の出張から帰ってきたら事務所のクーラーがついていました。２週間も出張をしたあとの出来事でしたので「２週間も？」と一瞬パニックになりました。

結局前の日に、誰かが消し忘れてしまっていただけでした。その人が悪い訳ではなくチェックが足りなかっただけです。

それを、「なんでつけっぱなしなんだ！」と怒ってもしょうがないわけです。１秒でも過ぎたことは学びですから、「８月の電気代が怖いよ！」などと言っている場合ではなくて、ミスを繰り返さない方法を考えるほうにエネルギーを使いましょう。

原因はわかったので、根本改善としては、**チェック体制を整えるだけ**です。張り紙やチェックシール貼るなどしてこのことをみんなで共有すれば同じミスは減りますし、部屋を出るときのチェック表を作れば根本改善になります。

このように「どうやったら根本改善できるかな？」と考えるといいですね。

愚痴は聞き流そう

集団で過ごす学校や会社などでは、愚痴ばかり言う人がいる場合もあります。前向きな気持ちを削がれたくはないので、根本改善を考えたいところですが、愚痴を言う人がどうやったら愚痴を言わなくなるか、これは難しい問題です。

もし可能なら、会社の中の共有するところに、先ほど紹介したマザーテレサの名言などを貼ったりするといいと思います。人は名言に触れると自分を省《かえり》みますし、人に優しくなれるんです。

ですが、自分が不平不満や人の悪口を言っているという自覚もなく、言い続けてしまう人が、確かに世の中にいます。そういう人に関しては、残念ながら張り紙を貼っても難しいこともあります。

そういう場合は、「音痴な演歌を歌っているんだ」ぐらいに、**自分で脳内変換をするといいですね。**

演歌の歌詞って、結構愚痴っぽいのが多いと思いませんか？　だから、愚痴が聞こえてきた場合は、そういう歌を歌っていると思えばいいですね。ただその歌にメロディーがないだけと考えましょう。

知り合いから聞いたのですが「囀《さえず》っている」という面白い捉え方があります。小鳥がピヨピヨ囀っていたり、犬がワンワンと吠えていたりしますね。愚痴と思って耳に入ってくると嫌ですが、「なんか囀っちゃってるな」「なんか吠えてるな」と思うと良いですね（笑）。そういうのもいいのかなと思います。

自分の脳内で変換をするしかない場合もありますが、優しくなれるような張り紙を貼ったり、前向きな言葉を投げかけたりするなど、極力、根本改善できれば良いと思います。

まとめ

目先のことばかりでなく、長いスパンで見て改善していきましょう。
根本改善できない問題は、正面衝突せず聞き流すのも手です。

28

実力を発揮する「勝負運」

サイクルの強さを「勝負」で発揮するために

第1章の復習になりますが、運という字は「軍」に、進ませる意味の「シンニョウ」でできています。軍隊を進めさせるという意味を持つ字なんですね。

軍隊の映像で、足をまっすぐに高く上げて行進する様子を見たことがありますか？ あれは、軍隊がいかに訓練されているかを示すためにおこなわれています。

訓練され、一糸乱れぬ動きができる様子を見せつけることによって、「うちはこれだけ訓練を繰り返していたんだぞ！ だから強いんだぞ」という強さのアピールをしています。

我々の日常の中でも、毎日の練習や休憩といった日々の積み重ねでサイクルを作り、さらに省みて修復、学んで改善することでサイクルを強くしていきましょう、というお話をしてきました。

ここでは、その強さを公《おおやけ》の場で発揮する方法をお話しします。

どのくらい強くなったかを試す場所として「試合」というものがあります。試合などの勝負ごとに勝つのが「勝負運」です。

人間同士で戦う試合ばかりでなくいろいろなことに応用できますので、実力を発揮する方法として、ご自身のサイクルに置き換えていただければと思います。

自分のペースを保ち、相手のペースを乱す

スポーツの試合というのは、同じくらいの力の人同士で戦いますよね。例えばボクシング。ボクシングを習い始めたばかりの小学1年生と、マイクタイソンみたいな黒人のすごい人が戦ったら、それはおかしいですよね？　サッカーも、小学生チームとJリーグのプロチームが戦ったらおかしいですよね？

同じくらいの体重で、同じような体格で、同じぐらいのキャリアの人同士が戦うから、見ていて面白い、それがスポーツです。

そこで勝つためには、練習してきた通りにできるかが大事です。ペースを乱さない

でいつも通りの力を出すということです。普段訓練していることを試合で出せたら、だいたい勝てます。

さらに言うと、相手のペースを乱せば勝てます。ボクシングや卓球など、**スポーツの試合というものは、自分のペースを乱さず、相手のペースを乱し、ミスを誘う競技なのです。**相手にいつもの動きをさせなかった側が勝ちます。

腕っぷしが強いほうが勝てるというような、単純な話ではないのです。

将棋やオセロなどのゲームもそうです。

同じくらいの実力者が競うのですからメンタル勝負です。変則的なことをしたり、フェイントをかけたりして、相手にいつもの動きをさせないのです。ペースが乱れたときにたたみ込むように勝負をかけるのがコツなんですよね。

ちなみに私は、オセロが強いほうでした。中学生のときはオセロ部に入っていて、部内で先輩も先生も含め、52回対戦しましたが、51勝1敗でした。

1回しか負けなかったのですが、その1回負けた相手がいちばん弱い人だったんです。相手の基礎がなってなさすぎて、すべて私の想像を超える打ち方をしてくるので、こっちが罠を張っても引っかかってくれません。「え？ そっち置くの？」って(笑)。ちゃんと置きやすいように仕掛けているのですが、一切そこを考えないで打ってくるから、逆に自分の作戦でうっかりペースが乱れ負けちゃったんですね。

平常心で自分らしく戦うこと、運の修正をこまめにすること

勝負で大事なことは、とにかく自分らしく戦うことです。練習を繰り返してきたというサイクルがあれば、あとは平常心を保ち、いつも通りなら自分を発揮できます。

私は講演会などで、垂直に立てた紙に墨でそのまま絵を描くというパフォーマンスをおこないますが、いつものペースで描くことを心がけています。**いつもの自分で、いつものようにリラックスして、いつものようにやれば大丈夫**なんです。よく「ゾーンに入る」といいますが、あれはリラックスの超集中状態から起こります。

そしてフォームの乱れや修復をこまめにすることも大切です。修復した分だけサイクルが強くなることは、先にお話しした通りです。

スポーツ選手は、フォームが乱れたときも、心が乱れたときも、常に同じ行動をすることによって運の修正をしています。

野球のイチロー選手は、バッターボックスで片手でバットを持ち前に突き出して、ユニフォームの袖をつまんだりしていましたね。ご存じですか？　几帳面な性格で、シワが寄っているのを直したいわけじゃないんですよ（笑）。毎回同じフォームを繰り返すことで、「いつもの自分に戻ること」をしていたんです。つまり、過去に見逃し三振をしたとか、そんなことを一切忘れて、今ここに集中するために、フォームを戻していたのだと思います。

ラグビーの五郎丸選手はボールを蹴る前に呼吸を整えながら、両手を忍者みたいに合わせることで有名でした。あれは呪文を唱えていたわけでも、おまじないで何かしようとしてるわけでもないんです。毎回同じフォームを繰り返して、いつもの自分に戻す、本人なりの意味があったと思います。

「勝負運」を「コントロール可能な運」と考えた場合、どのようなサイクルを作ればいつもの自分を出せるか、平常心を保てるか、を考えてみると良いと思います。

まとめ

勝負ごとは、自分のペースは乱さず相手のペースを乱したほうが勝ちです。

29

「偶然運」を願うメリット

偶然を願う気持ちがきっかけで、自分の心の奥が見えてくる

例えば「宝くじに当たってみたい」というような「偶然運」を否定しているわけではありません。「偶然運」を願うことにもメリットはあります。それは、固定概念を外すという点です。

「もし、1億円あったら何したい？」「もしあなたが総理大臣になったら、どんな法案作りたい？」「大企業の社長になったらどんな商品を企画したい？」など、普段の自分からかけ離れたイメージをすると、固定概念が外れます。普段だったらお小遣いの範囲でできることを考えてしまうのに、「宝くじが当たったら、どこか海外に行ってみたいな」と、イメージが広がっていきます。

「1億円当たったらイタリアに行って美味しいピザを食べたい」と考えたあと「お金

がなくてもできるんじゃない？」と気づくこともあります。固定概念が外れることで、心の奥の本当はしたかったことが見えてくるかもしれません。**偶然運を願ったことがきっかけで、目的がはっきりする**ということはよくあることです。

ワクワクする気持ちは脳の健康状態にも良いです。楽しいときや達成感を得たときに脳から分泌される「ドーパミン」が増えます。そうするとやる気も満ちてくるのです。

ですから偶然を願うことも良いことですね。「株を守りて兎を待つ」のことわざのように、偶然運に執着をしなければいいだけです。

開運グッズの魅力

開運グッズの形は本当に不思議なものです。いろいろある中でも特に宝珠《ほうじゅ》の形、水の雫のような形を見ると人は元気になりますね。

龍のように誇り高いオブジェを置いておくことも効果的です。自分は龍のように強いという潜在意識を高め、ワクワクの気持ちになります。

また、開運グッズを持つことによって「何か良いことがあるかもしれない」とアンテナを張って世界を見ることもできるようになります。

妊娠すると世の中に妊婦が増えたように思えたり、自分が黄色い車を買った瞬間になぜか黄色い車がやたら多く思えたりするのと一緒です。

同じ世界であっても、アンテナを張ることによって見え方が変わります。その分いろいろなものをキャッチできます。

さらに、子供っぽいニコッとした仏様の笑顔を見ると、自分も思わずニコッとしてしまいますよね。脳の中には「ミラーニューロン」といって、他者の行動を見たときに自分もその行動をおこなっているように反応する神経の働きがあります。つまり、笑顔はほかの人にも伝染するんです。

大きな袋を持った施しの神様・七福神の布袋《ほてい》さんや、大阪の通天閣に置かれていることでも有名な幸福の神様・ビリケンさんも笑顔の神様です。

可愛いワンちゃんを見たときも、思わずニコッとなりますね。明るい気持ちでニコッとした回数が増えることによって、笑顔のサイクルも増え、日常生活が笑顔に満ちたものになります。

お守り・パワーグッズ・開運グッズなどが人の心に与える影響を考えると、やはり良いものだと思います。それらを持つことによって、リラックスして普段通りの力が出せますし、アンテナを張ることで世の中の見え方も変わります。明るい気持ちで過ごすというサイクルを作るためにも、上手に活用していきたいものですね。

本当の運というものはサイクルを作り、強く育てていくものであることを忘れないでいると、振り回されず、上手に利用することができます。

まとめ

偶然運を願う気持ちや開運グッズも上手に取り入れていきましょう。

30

思い込みのパワー

思い込みによって実力以上の潜在能力を引き出す

「もし何か自分にすごい力が入ったらどうなるかな?」と想像し、そうなったと思い込んで行動することで高まるパワーがあります。普段は眠っている秘めたパワー、つまり潜在能力です。

例えば私の場合、「もしＧ７の世界会議の中央で、絵を描くパフォーマンスをするとしたら？　そういうオファーが来るかもしれない」と考えたとします。「じゃあ、そのときのためにもっと上達しよう」とワクワクしながら練習ができます。**思い込むだけで自分の能力を高めることができる**のです。利用しない手はありません。

さらに、思い込みには**「恐怖心をなくす」**というパワーもあります。

お守りを買って「私は守られているから大丈夫！」と思い込むことによって、無駄な恐怖心をなくすことができます。

逆に言うと、私たちは恐怖を意識することによって、本来の力を出せなくなってしまいます。例えば、車道と歩道の間にある縁石《えんせき》というコンクリートの塊。幅は10センチぐらいです。普通だったら縁石の上を5メートルくらい歩くことができるのに、同じことを「10階建てのビルのてっぺんでやってください」と言われたら、落ちることを想像してしまいできなくなります。つまり、恐怖心が自分の本来の力を封じているのです。

そんなときに「お守りがあるから大丈夫！」と思えるのは良いですね。

ただし、普段できないことを願ってもそれは無理です。受験勉強を何もしなくてお守り100個集めても、ダメなんですよ。普段ちゃんと勉強している人が、「お守りがあるから本来の力が出せる、大丈夫だ」と思い込んで、受験に挑んだとき、リラックスして普段の力が出るということです。

「運が良い」と思い込むことは、日常生活にもメリットがあります。

例えば営業マンとして商品を売る仕事をしているとします。商品が全然売れなかったとき、「私は運が良いはずだからもう1回行ってみよう！」「次はうまくいく！」と思います。自分は運が良いと思い込んでいる人は何回でもチャレンジするんですよ。

逆に、運が悪いと思い込んでいる人は、「やっぱり私は、運が悪いからだめなんだ。もう諦めよう」と考えて、1回目で止めてしまいます。そういう解釈で自分の運をどんどん悪くしてしまうのです。

このように、**運が良いと思い込んで日常生活をプラスにする人もいれば、運が悪いと思い込んでマイナスのサイクルにしてしまう人もいる**わけですね。

有名な話でいうと、パナソニックの創設者・松下幸之助さんが、採用試験の面接のときに、受験者に向けて「あなたは自分が、運が良いと思いますか？」と質問したそうです。そして「はい。運が良いです」と答えた人を採用したという話です。

運が良いと思い込んでいる人は、ビジネスにおいても成功しやすいということです。

☑ 悪いことが起こったときの考え方

松下幸之助さんにはこんな話もありますね。

ある日船に乗っているときに、はずみで船から落ちてしまいました。水中でもがいて死んでしまうかもしれないと思ったときに、事故に気づいた船が引き返して助けてくれたそうです。そのとき「私は命を助けられた。運が良い。こんなに運が強いなら何でもできる」と確信した、という話です。

一般的には「船から落ちた時点で運が悪いんじゃないの？」と言いたいところですが、それに対して「運が良い」と思い込めているということが大事です。

例えば、何か事故を起こしてしまったとしても「運が悪い」とは思わず、**自分が助かったのなら、「死ななくて良かった。運が良い」と思ったほうがいい**です。

「運が悪い」と思うことにメリットはなく、「運が良かった、こんな状況でも生きているのだから命を大切に生きていこう」と思うほうがずっと前向きです。

事故にあうのは偶然なので、私たちができることは偶然の確率を減らすことです。細い道ではなく広い道を選択したり、事故を予測して回避するような運転ができていると確率は減ります。

もし「運が悪い」「ツイていない」と思う出来事が今後あったら、それは全部単なる確率ということを覚えておいてください。確率を減らせばいいだけです。

良いことがあったら「運が良い」と思い込む。悪いことは「確率」と割り切る。そういう、自分の心の強さって大事なんです。

占いで「運が悪い」と言われたら

占いの本質は、「励ますこと」だと思っています。

私、占いは好きなほうですし、占い師をしている友達がたくさんいるので、運勢を見て頂くことがあります。そしてその人たちに励まされ、元気をもらいます。

ただ、もしもあなたが、どこかの占い師に「あなた運が悪いわよ」と言われても、一切気にする必要はないです。「心配してくれてありがとうございます」くらいにして距離を置きましょう。

占いなどは、「良いことだけ聞く」と心に決めることをおすすめします。

とても大事なことなので「脅しのサイクル」ということをお伝えしておきます。

私が学生の頃、不良のグループの間では「カツアゲ」といって、先輩が後輩を脅してお金を取る行為が横行していました。

私はどれだけ先輩に脅されてもお金を払うことだけはしませんでした。脅されてお金を払ってしまうと、先輩は**「脅したらお金が出る」と学習してしまう**からです。

これはカルト団体でもいえることで「不幸があるよ」などと脅されて一度でもお金を出してしまうと、脅せばお金が出てくると相手が学習し、そのサイクルが始まってしまうのです。

脅しは「信じない」「脅す人と距離を置く」「周りに相談する」が大切です。

繰り返しますが、この先、脅されても一切気にしなくていいですからね。

まとめ

運が良いと思い込むことで、実際の物事もプラスに働きます。悪いことは「確率」と割り切りましょう。

31

「運が良い」という思い込みは感謝を引き出す

運が良いと思い込める人には感謝の心がある

1章でご紹介した「解釈運」を思い出してください。

コップに水が半分入っている状態を見たときに、「水が半分入っていて運が良い」と解釈するか「水が半分しか入っていなくて運が悪い」と解釈するか、同じことに対しても解釈の違いで「運の良し悪し」が決まる、ということです。

解釈運の「運」のニュアンスには、「ツイている」「嬉しい」「ありがたい」「おかげ様」といった気持ちが含まれています。

つまり、**「水が半分もあって私は運が良い」「半分もあってありがたい」「おかげ様で半分もある」**と思える人には、感謝の心があるんですね。

感謝の心のサイクルは、さらなる幸運を引き寄せます。

忘れてはいけない良運の自覚

病気になったとしても、運が悪いから病気になったわけではありません。病気になっても生きているだけで運が良いですよね。

人類の平均寿命は何歳か知っていますか？　よく80歳と言われますが、そうではないです。80歳というのは、現在の日本の平均寿命なんですよ。今の全世界の平均寿命は、だいたい50歳くらいです。

諸説ありますが、現在の我々とほぼ同じ体になったおよそ10～20万年前の「ホモ＝サピエンス」、つまり我々のご先祖様の時代から現在まですべて含めたら、だいたい23歳が平均寿命です。

例えば、50歳ぐらいになって体の具合が悪くなってしまったとします。それは、**運が悪いのではなく、運が良いからそこまで生きている**んですよね。

海外だと保険に入るのにもかなりのお金が必要と聞きますが、日本の保険制度では、全国民から集めたお金が、手術や入院をした人に対して支払われるようになっています。定期健診でも保険が効きます。健診を受けるときは、「みなさんのおかげです。ありがとうございます」という気持ちでいるといいですね。

病気になったと嘆いても後ろ向きになるだけです。保険が効くこの日本で、この時代の最先端の医療を受けられることにも感謝なのです。

どんな病気になっても、自分は生かされている、運が良い、ありがたい、という感謝の意識を運べるなら、回復も早くなるでしょう。

ここまで、自分自身を高め目標を叶えるためのコツコツ学びのサイクル、世の中との良いつながりを保つための貢献のサイクル、など、さまざまなサイクルを見てきましたが、どんなサイクルもベースにあるのは「思考」つまり「考え方」です。「感謝」「喜び」「学び」といった思考をベースとして持っておきたいものです。

マザーテレサの名言のように、「思考」は「言葉」そして「行動」となり、あなたの運命を形作っていきます。**どのような思考で生きていくかを決めるのはあなた自身です。運は自分で決められる、コントロールできる**ということを、ぜひ心に留めてほしいと思います。

まとめ

「自分は運が良い」は「ありがたい」という感謝につながります。

32

良運の答え合わせ

良運の答え合わせをしながら生きる

「自分は運が良い」と思い込んで生きる人生を
イメージしてみてください。

自分はとっても運が良い。
自分はやっぱり運が良い。
自分はぜったい運が良い。

毎日ご飯が食べられている。自分はとっても運が良い。
夜寝る場所がある。やっぱり運が良い。
学校に通うことができた。ぜったい運が良い。

あなたはとっても運が良い
あなたはやっぱり運が良い
あなたはぜったい運が良い。
福

運が良いと思い込んで生きる人生とは、運が良いという答え合わせをする人生になります。

運が良いことを感謝して生きる人生です。

誰かと比べる必要もありません。

ぜひ答え合わせをしていただけたらと思います。

「主体的なサイクルを作ること」が幸運の糸口

お伝えしてきたように、あなたの運は、自分自身で決められるものです。

主体的に自分の人生の主人公になり、「私が運ぶ」ことを考え、循環（サイクル）をどのように作り、続けていくかを考える人生の主人公であってほしいと思います。

まずは少しずつでも続けられる良いサイクルを、ひとつでいいので作ってみましょう。それは生きていく自信にもなります。

この本をここまで読んでくださった方には、「運とはサイクル」が当たり前になっているかもしれませんが、世の中のほとんどの人は、運というのは「ご都合主義」の認識です。「運ばれてくるもの」にしか目を向けていません。

お金が入ったら「運が良かった」。

お金がなくなったら「運が悪かった」。

しかも人と比べて一喜一憂。

例えば一般的に、100円を拾ったからといってあまり運が良いとは思わないですが、100万円が手に入ったら、運が良いと思うかもしれません。

でも、もっとお金を稼いでいる大富豪からしたら、100万円が入っても運が良いと考えないでしょう。お金はもっともっといっぱいあるからです。

結局、価値も誰かと比べて、運が良いとか悪いとか言う必要はないということです。

運というものは「運び運ばれるサイクル」であり、運命というものはどういうサイクルの中で生きていくか、つまり究極のところ「生き方」です。

あなたの人生の主人公はあなた自身であることを忘れないでください。

どんな生き方をしたいのか、自分の在り方が定まらないまま道を進んでも、ハイウェイどころか細い道に迷い込み、生き方を見失いかねません。

「こういう生き方をしていけばいいんだ」という自分の幸せについて定め、それと同時にどうすれば自分が主体の人生になるのか考え、自分らしい人生のサイクルを作っていくということなのだと思います。

まとめ

今日から3カ月、朝起きたとき、夜寝るとき、自己宣言をしてみてください。
自分は「とっても」運が良い
自分は「やっぱり」運が良い
自分は「ぜったい」運が良い

おわりに　～運を楽しみ、味わうために～

この本は、みなさんに本気でより良い人生を歩んで欲しいという思いから生まれました。ですが、読む人によっては、刺激的ではなかったかもしれません。「この開運法をおこなえば、運気爆上がりです！」という呪文や儀式のほうが面白いときもあります。

ただ、ここまで読んでいただけたのなら、今後の人生で「運と向き合うとき」や「運が乱れたとき」に立ち戻れる軸が理解できたと思います。

時間をかけてジワジワと効いてくるような内容にしてあります。

世の中にたくさんある「運」にまつわる本や、ほかの先生方のお話も、より深く理解できることと思います。

運と向き合う心の土台の一部としてお役立ていただけたら幸いです。

最初にもお話ししましたが、「人間万事塞翁が馬」です。

私もお金や人間関係で失敗したこともあります。

瞬間的に一部分だけを切り取ると、運が悪く見えるかもしませんが、お金の失敗をしたことがあるからお金に対して学ぶようになり、人に対する失敗があったから人間関係をより深く学べたと思っています。


学び続けることによって、去年より今年、今年より来年、と成長していけるわけです。

体力が落ちたとしても、その分優しさが増えるとか、物事を深く見られるようになるとか、そういった「学び」というサイクルを大切にしていきたいです。


人生、都合が良いことばかりではないです。

「でも、私はやっぱり運が良いんだよな」と、どこからでも修正できる自分がいると、強く生きていけます。

ちょっとミスがあったとしても、「そこから学べた」「成長できた」「人の気持ちがわかるようになった」と、自分に言い聞かせるサイクルで、良い運が定着します。

「運が良い」という気持ちが定着すると心が安定します。心が安定すると視野が広がり、周囲へ広げたアンテナの感度が高まり、見えるものが増えていきます。
ぜひ参考にしていただけたらと思います。

よくぞ最後までお読みいただきました。
みなさまの人生が幸運に満ちますように。
本当にありがとうございました。

２０２４年12月　斎灯サトル

◆ プロフィール

斎灯サトル（さいとう・さとる）

1977年生まれ。静岡県在住。天井画絵師・芸術家。

10代の頃よりベストセラー作家、故·小林正観氏に師事し、書籍の挿絵を担当する。

神社仏閣の大天井画の個人制作枚数は日本一。神奈川県「江島神社・奉安殿」や、静岡県「永福寺」など、各地の天井画を制作する。

国内外含め、アートイベントを行っており、畳数枚分の紙に5分で絵を描くパフォーマンスでは、感動のあまり涙する観覧者も多い。2013年フランス世界遺産のグラン・サロンでも披露し、好評を得た。

また、独自の観相学からその人の「テーマ」を見極め神様の絵を描きながらおこなう個人セッションは、通算3万人以上に及ぶ。教育機関や地域、企業からの依頼を受け、全国各地で公演活動もおこなっている。

著書に『写龍』『自分の中に龍を持て』（サンマーク出版）、『正観さんのしあわせ絵言葉』（廣済堂出版）などがある。

斎灯サトル事務所・彩流堂（株）
http://satoruchi.moo.jp

装丁デザイン　塚田男女雄
イラスト　斎灯サトル
編集協力　石丸有紀
編集　森　基子（あかり舎）

あかり舎のWEBサイト
書籍内に変更がある場合は
その更新情報を掲載します。
https://akarisha.com

超運《ちょううん》の法則《ほうそく》

毎日《まいにち》を大安吉日《たいあんきちじつ》にするシンプルな知恵《ちえ》

2025年1月9日　第1版第1刷

著　者：斎灯《さいとう》サトル
発行者：天野基子
発行所：合同会社 あかり舎
〒150-0045 東京都渋谷区神泉町 10-15-301
電話 03－6161－6403
FAX 03－6161－6025
https://akarisha.com
info@akarisha.com

発　売：星雲社（共同出版社・流通責任出版社）
印刷製本：三美印刷

ISBN978-4-434-35248-5 C0095